U0681326

创新驱动发展战略的
理论逻辑与现实路径

——基于企业视角的研究

郝全洪　等　著

人民出版社

前　言

　　随着经济发展步入新常态,中国经济发展迎来一个历史性转折点,进入发展进程中的历史新阶段。这个新阶段既是上一阶段中国经济发展的逻辑结果,也是未来阶段中国经济发展的逻辑前提,必将成为连接过去和未来的重要枢纽而载入中国经济史册。新常态是一种包含上一阶段经济发展的成绩和问题、面临新的阶段更加复杂多样的矛盾和约束、蕴含有多种可能发展前途的机遇与挑战并存的综合状态。在经济进入新常态的新阶段,中国经济发展又面临一个往哪里去的十字路口和关键时期,如何全面认识新常态、深入理解新常态,特别是快速适应新常态、主动引领新常态,实现中国经济行稳致远中新的更好发展,是一个重大理论课题和实践难题。创新驱动发展战略历史性地成为解开这个难题的必然的关键的选择。

　　本书的理论脉络包含以下四个理论逻辑,形成环环相扣的内在逻辑链条:1.中国经济发展新常态形成的理论逻辑。根据马克思主义经济增长和发展理论,阐明新常态是上一阶段中国经济注重增长忽视发展的粗放型经济增长方式这个内在原因和国际市场等外部环境条件发生变化共同导致的结果。同时,运用马克思主义经济理论和内生经济增长理论,对我国经济发展新常态的状态特征、价值判断、发展动力、可能前途等方面,进行系统论述。2.新常态下加快转变经济发展方式的理论逻辑。阐明处于新的国际国内条件特别是诸多不利条件和因素约束下的新常态,传统经济增长方式难以为继,从供给侧结构性进行改革,加快转变为注重可持续发展的集约型经济发展方式成为当下最优的也是迫切的选择。3.创新驱动发展战略的理论逻辑。阐明加快转变经济发展方式的要求,根本上是将经济发展的驱动力从依靠增加要素投入驱动转向依靠创新驱动;根据马克思主义经济理论,创新驱动是包含生产力、生产关系(经济基础)、上层建筑各种要素在内的复杂的系统,所以创新驱动需要全面创新和全方位创新,也就是要全面深化改革,并且主要从供给侧发力,突出结构性调整。同时,聚焦我国经济发展中的全要素生产率提升、大国经济内部"雁行模式"和全面深化改革不断推进等潜在空间,论证创新驱动经济发展的客观性、可行性和逻辑路径。4.突出企业主体的创新驱动发展理论逻辑。阐明经济发展新常态和加快转变经济发展方式前提下,创新驱动发展战略的核心是创新驱动经济发展;而在社会主义市场经济条件下,创新驱动经济发展最终要落实到技术创新的主体和经济的微观主体企业层面,因此要充分发挥企业在创新驱动经济发展中的关键作用。

实施创新驱动发展战略,从宏观层面看,涉及政府主体、市场主体、社会环境等不同要素及其相互作用关系,是一项基于社会层面的复杂系统工程;从中观层面看,离不开科技领域、金融领域和组织管理等方面的主动适应及调整,为创新驱动发展战略提供全面基础和全方位支撑;从微观层面看,需要将创新驱动发展战略落到经济的微观主体即企业,要调动企业主体创新驱动发展的积极性和主动性,聚焦企业创新发展的瓶颈和短板,为其提供符合实际的有效解决方案。比如:以混合所有制改革为契机,完善国有企业的内部治理机制,改善企业绩效;发展多层次资本市场,缓解中小企业融资约束难题;加强财政、税收、融资等政策支持,改善小微企业外部生存环境,增强其自生能力等。

在创新驱动发展战略的微观执行层面,就国有企业、中小企业和小微企业等不同类别和规模的经济主体,如何提升其自生能力、提高全要素生产率、增强产品或服务的有效供给等主要内容进行分析和研究,提出落实创新驱动发展战略所应采取的推进思路和举措。对国有企业,从制度经济学的分析视角,着眼于兼顾效率与公平,阐述国有企业形成的历史渊源及改革开放以来历次改革的经验与教训。并以政策性负担、国资"退出"困境和政府干预为逻辑基点,论证国有企业改革的关键措施在于管理自主权和财务自主权的下放及其相配套的激励约束机制。在此基础上实现党的领导和法人治理相统一,是新一轮国有企业改革成功的关键。对中小企业,采取定量和定性分析相结合的方法,以全要素生产率作为评价标准,阐述我国中小企业形成的历史渊源及改革开放以来的发展历程,论证发展中小企业对推动我国经济持续增长、缓解就业压力的积极作用。从动员型金融体制、所有制非平等竞争和非平衡供需结构的视角,阐述我国中小企业长期面临的融资约束及其成因。在此基础上,结合我国行政管理体制、区域/地区经济发展、多层次金融体系等方面,着重提出缓解或解决中小企业融资约束的思路和举措。就小微企业,从增强其自生能力出发,以缓解就业压力、稳定经济增长和缩小收入差距为着眼点,阐述其形成的历史渊源及改革开放以来的发展历程,提出经济新常态下发展小微企业的重要意义。并从研究需要出发,将小微企业分为补贴生存型、自我生存型和发展成长型,作为制定改革方向、出台改革举措和落实优惠政策的重要基础。对补贴生存型小微企业,逐步建立地方政府引导下的公共服务平台和政策金融体系予以支持,以增强其自生能力、减少外部依赖,促其向自我生存型转变、升级。对自我生存型小微企业,地方政府出台财政、税收、采购等方面的优惠政策及动员地方性商业银行和中小型非银行金融机构开发贴近性金融产品或服务,为其提供经营宽松、竞争有序和融资便利的外部环境,推动其向发展成长型转变、升级。对发展成长型小微企业,地方政府成立专门机构和融资平台,围绕这类小微企业应收款、专利、核心技术、无形资产等核心资源,对接资本市场、进行金融创新,为其快速成长打开通道。

在上述研究基础上,本书就新常态下如何实施好创新驱动发展战略,推动国有企业、中小企业和小微企业增强自生能力、提升全要素生产率,围绕政府职能转变、深化社会主义市场经济改革、健全多层次金融市场、打造多层次创新体系、推进混合所有制改革、实现不同所有制企业平等竞争等方面,提出相关政策建议或启示。

目　　录

第一章　导论 ……………………………………………… 1

　第一节　研究背景与选题意义 …………………………… 1

　　一、研究背景 ……………………………………… 1

　　二、选题意义 ……………………………………… 6

　第二节　基本逻辑、研究思路与研究方法 ……………… 8

　　一、基本逻辑 ……………………………………… 8

　　二、研究思路 ……………………………………… 13

　　三、框架结构 ……………………………………… 17

　　四、研究方法 ……………………………………… 17

　　五、篇章结构及主要内容 ………………………… 18

　第三节　研究对象界定、创新及不足 …………………… 21

　　一、概念和术语用法的界定 ……………………… 21

　　二、主要创新 ……………………………………… 24

　　三、不足之处 ……………………………………… 25

第二章　中国经济增长的内在逻辑与新常态 …………… 26

　第一节　新中国成立以来的经济增长 …………………… 26

第二节 经济增长的外部因素、内部基础与动力机制 … 32

一、经济增长的外部因素——产业转移与外商
直接投资 ………………………………… 32

二、经济增长的内部基础——人口红利 ………… 34

三、经济增长的动力机制与核心举措 …………… 36

第三节 中国经济新常态:静态、动态与关系 ……… 39

一、关于新常态的含义和状态分析 ……………… 39

二、关于新常态的价值判断和动态分析 ………… 42

三、供给侧结构性改革、创新驱动与新常态 …… 45

第四节 中国经济新常态:速度、结构与动力 ……… 48

一、产业结构、要素回报率和资源环境约束 …… 48

二、基于投资的赶超战略、基于创新的增长战略
与经济转型 ……………………………… 56

三、创新驱动引领新常态 ………………………… 61

第三章 中国经济转型的潜力和创新驱动 ……… 68

第一节 中国经济转型的自身潜力 ………………… 68

一、地区差异、大国经济的"雁行模式"与经济
转型 ……………………………………… 68

二、劳动人口、"二次人口红利"与人均资本存量 …… 70

三、技术落差、研发投入与自主创新 …………… 73

四、全面深化改革、供给侧结构性改革等释放
"政策红利" ……………………………… 76

第二节 中国经济转型的政府创新驱动 ………… 78

一、创新驱动发展生态系统、国家创新体系与
政府创新驱动 ……………………………… 78

二、经济增长、技术进步与政府创新驱动 ……… 83

三、新增长理论和制度经济学视角的政府
创新驱动 …………………………………… 86

四、我国创新驱动发展战略中的政府创新驱动 …… 90

第三节　中国经济转型的金融创新驱动 …………… 96

一、金融、创新与经济增长 ……………………… 96

二、金融发展与经济增长 ……………………… 100

三、金融结构与经济增长 ……………………… 107

第四节　中国经济转型的企业创新驱动 …………… 111

一、经济增长转型、供给侧结构性改革与创新
驱动主体 …………………………………… 111

二、信息禀赋、融资成本与融资渠道 ………… 116

三、经济增长、全要素生产率与非国有企业 …… 121

第四章　政策性负担、国资"退出"困境与混合所有制 …… 128

第一节　国有企业的起源、发展及演进 ………… 128

一、国家干预、市场失灵与国有企业 ………… 128

二、资本主义国家的政府干预及其国有企业的
私有化 ……………………………………… 131

三、新中国重工业优先发展战略、国有企业产生与
"三位一体" ………………………………… 132

第二节　政策性负担、预算软约束与国资"退出"困境 … 135

一、政策性负担:战略性政策负担和社会性
政策负担 ……………………………………… 135

二、政策性负担与预算软约束 ……………… 137

三、政策性负担与国资"退出"困境 ……… 139

四、预算软约束、国资"退出"困境与政企关系 … 140

第三节　国企改革的历程、理论演进与混合所有制 …… 142

一、我国国有企业的改革历程(1978—2013) …… 142

二、股东会决策模式、董事会决策模式与股东
有限干预权 ……………………………… 146

三、治理机制、市场竞争与国企改革的理论演进 … 150

四、减少政府干预、把控核心职位与优化治理
机制 ……………………………………… 152

第五章　中小企业发展、融资约束与关键路径 …………… 157

第一节　我国中小企业的起源、成长及重要意义 ……… 157

一、改革开放和我国中小企业的起源与成长……… 157

二、发展中小企业的重要意义 ……………… 160

第二节　中小企业的行业分布、所有制归属与地域
特征…………………………………………… 162

一、中小企业发展现状的行业视角 ………… 162

二、中小企业发展现状的所有制视角 ……… 164

三、中小企业发展的区域/地区视角 ……… 166

四、中小企业发展的主要特征…………………… 168

第三节　中小企业发展的融资约束与关键路径………… 169

一、中小企业发展的融资需求及其特征……… 169

二、动员型金融、多层次融资、所有制非平等竞争

　　与中小企业融资约束……………………………… 172

三、缓解中小企业融资约束的内在逻辑与关键

　　路径……………………………………………………… 176

第六章　小微企业成长、政策支持与自生能力………… 182

第一节　我国小微企业的发展现状……………………… 182

一、产业转型、社会分工与我国小微企业的起源 … 182

二、小微企业的界定与主要特征………………………… 185

三、发展小微企业的重要意义…………………………… 188

第二节　小微企业的成长路径、资金压力与融资

　　　　需求……………………………………………… 190

一、小微企业生命周期、融资特征与融资约束…… 190

二、正规金融与小微企业的融资约束………………… 193

三、非正规金融与小微企业的融资约束……………… 195

第三节　融资约束、微型金融与小微企业成长……… 197

一、团体贷款机制与小微企业融资约束……………… 198

二、动态激励机制与小微企业融资约束……………… 199

三、分期还款机制与小微企业融资约束……………… 200

四、政府支持、多层次金融体系与小微企业

　　成长……………………………………………………… 201

第七章　实施创新驱动发展战略的政策建议…………… 207

第一节　加快转变政府职能,建设法治政府和服务型

　　　　政府…………………………………………… 208

一、进一步纠正单纯以 GDP 增速评定政绩的偏
　　向,推动政府职能向创造良好发展环境、提
　　供优质公共服务、维护社会公平正义转变 …… 208

二、明确项目类别、减少政府对资源的直接配
　　置,逐渐培育市场化的投资运作主体、引进
　　多元化的投资主体 ……………………………… 209

三、健全社会公共服务和保障体系,不断提升保
　　障居民基本生活的水平和质量…………………… 210

第二节　深化社会主义市场经济改革,完善现代市场
　　　　体系 …………………………………………… 211

一、减少政府干预、推进社会主义市场经济改
　　革,建立全国统一市场、完善现代市场体系 … 211

二、大力发展生产性服务业、提升其全要素生产
　　率,为经济发展方式转型奠定基础 …………… 213

三、实行统一的市场准入制度,消除各种隐性
　　壁垒,实施"非禁即入",深化社会主义市场
　　经济改革 ………………………………………… 214

第三节　拓宽资金来源渠道,健全多层次金融市场 …… 215

一、推进主板、中小板、创业板和新三板等多层
　　次资本市场发展,扩大对中小微企业的覆盖
　　面,提高符合上市条件公司的上市比例 ……… 215

二、发挥城市商业银行的规模、信息和客户等优
　　势,开展多种形式的金融创新,缓解小微企
　　业的融资成本约束……………………………… 216

三、培育以担保、小贷、典当等为代表的中小金
融机构,综合运用多元融资渠道、关系型贷
款与政策引导等方式缓解小微企业融资渠
道约束 ………………………………………… 217

第四节 加强政府引导机制,打造多层次创新体系 …… 219

一、建立包容型制度,提升技术创新效率,为创
新及创新驱动发展营造良好的外部环境 …… 219

二、发挥政府集中力量办大事的优势,从体制机
制、基础研究和重大项目等方面打造创新驱
动发展的支撑体系…………………………… 220

三、落实负面清单制度、打破行业垄断,为以中
小微企业为代表的创业者营造良好的创
新/创业环境 ………………………………… 221

第五节 完善现代企业制度,推进国企混合所有制
改革 ………………………………………… 223

一、区别社会性政策负担和战略性政策负担,进
一步明确国有企业职能定位,推进分类管理
和治理的国企改革…………………………… 223

二、继续深入推进国有企业改革,集中精力布局战
略性产业,完善大中型国有企业的治理结构…… 223

三、平等对待股东、确立董事会决策模式,以混
合所有制改革为契机完善党的领导和法人
治理相统一的治理机制 …………………… 224

四、坚持国家对核心职位的管控,统筹管理委派
人员和外聘职业经理及其激励约束机制……… 225

第六节　促进平等竞争,公平对待不同所有制企业 …… 225

一、进一步转变观念,健全和完善相关制度,实
现不同所有制企业的平等竞争 ………………… 225

二、提升归口行政管理机构级别,增强对接能力
和支持力度 …………………………………………… 226

三、完善信用担保、社会征信等体系建设,减少
中小企业信息搜集成本、增强企业运作透明
度、降低融资成本 ………………………………… 227

四、推进多层次资本市场与金融体系建设,丰富
中小企业融资渠道、资金来源,缓解其融资
难、融资贵问题 …………………………………… 228

五、立足区域/地区中小微企业发展实际,因地
制宜地制定相关政策,引导和支持其提升自
生能力 ………………………………………………… 229

六、推进中小金融机构发展、健全政策性金融服
务体系,为小微企业中的弱势群体发展提供
保障 …………………………………………………… 230

参考文献 ……………………………………………………… 232
后　记 ………………………………………………………… 242

第一章 导 论

第一节 研究背景与选题意义

一、研究背景

1. 新常态下,中国经济发展往哪里去?

中国经济发展整体上已经步入新常态,并且将在未来相当长时期里处于"新常态",这标志着中国经济发展进程中的一个重要历史性拐点和一个重要过渡性新阶段。

中国经济发展新常态,是一种包含上一阶段经济发展的成绩和问题、面临新的阶段更加复杂多样的矛盾和约束、蕴含有多种可能发展前途的机遇与挑战并存的综合状态,是在国内外各种复杂因素交织和综合作用下,中国经济在当前转型时期和过渡阶段呈现出的一种客观存在和实然状态。经济发展新常态是中国经济过去多年来主要依靠需求"三驾马车"拉动、更多追求数量和速度增长、关注眼前相对较短时期、以高投入高消耗高污染获得低效率低产出、片面注重增长忽视发展的粗放型经济增长方式这个内在原因和国际市场等外部环境条件发生新的变化共同作用的逻辑结果。新常态下,中国经济发展面临国际国内诸多不利因素和约束条件,还有来自需求方面、供给方面、资源配置和宏观调控方面、经济下行压力等许多方面的严峻挑战,使得原来传统的经济增长和发展方式难以为继。

经济发展新常态,又是未来阶段中国经济进一步发展的逻辑前提和现实基础。新常态既面对一系列挑战和障碍,也孕育着通过主动选择创新驱动发展战略、供给侧结构性改革和调整,推进经济结构优化升级和经济发展方式转变,实现中国经济在困境中凤凰涅槃的历史机遇。因此,中国经济发展新常态,事实上面临着两种典型的可能发展前途:一是不能顺利实现发展方式转变、结构调整和发展动力转换,掉入"中等收入陷阱",经济发展长期在低水平徘徊和挣扎。二是经济发展方式成功转型,经济结构顺利优化升级,创新成为经济发展新的驱动力,中国经济成功跨越"中等收入陷阱",进入更高层次的稳定均衡发展阶段。

因此,在进入新常态的新阶段,中国经济发展又面临一个往哪里去的十字路口和关键时期。如何全面认识新常态、深入理解新常态,特别是快速适应新常态、主动引领新常态,实现中国经济行稳致远中新的更好发展,是中国经济发展中面临的一个重大理论课题和实践难题。

2. 产业结构调整下的结构性减速趋势

新中国成立后,我国综合国际国内形势,认真权衡利弊得失,慎重作出符合当时中国实际的优先发展重工业的战略决策。重工业的优先发展,使得我国在相对较短的时间内建立了较独立、完备的工业体系,改变了近代以来工业生产力布局过于偏向东部地区的严重失衡态势,为经济社会进一步均衡发展奠定了坚实基础。但同时,重工业的优先发展客观上也使得我国全要素生产率长期维持在较低水平,[1]严重阻碍和限制了劳动生产率的提高和轻工业的发展,使得三次产业结构严重不合理,直到改革开放初期,第一产业依然是我国的基础产业和主导产业。

改革开放后,我国逐步推进工业化,使得第二产业所占比重稳步提升。一方面,由于我国技术水平低、劳动力相对过剩,制造业部门的劳动生产率约为农业部门的 10 倍。[2] 另一方面,大量劳动人口和资源从劳动生产率较低的第一产业(农业、种植业和养殖业等初级加工端)向劳动生产率较高的第二产业(工业、制造业、建筑业等中间品或终端品生产端)转移。故而带来劳动生产率的整体提高,形成改革开放以来前 30 年发生的"结构性增速"。

1978—2008 年,第一产业产值占比以较快的速度持续下降,直至占比 10% 左右以后基本保持稳定。与此同时,第三产业产值比重自改革开放以来逐渐较平稳地上升,2002 年达到 40% 以上,其后与第二产业产值比重的差距逐渐缩小。2012 年以后,第三产业产值比重超过第二产业,成为占比始终最高的产业类型。在第三产业的劳动生产率约为第二产业劳动生产率 70% 的情况下,[3]相当的劳动人口和资源从劳动生产率较高的第二产业向劳动生产率较低的第三产业转移,带来劳动生产率的整体走低,致使我国经

---

[1] 参见林毅夫:《解读中国经济(增订)》,北京大学出版社 2015 年版,第100 页。

[2] 参见李扬:《中国经济发展进入新阶段》,《经济导刊》2014 年第 2 期。

[3] 参见定军、赵凯:《劳动生产率持续下降,第三产业生产效率亟待提高》,《21 世纪经济报道》2016 年 3 月 2 日,http://epater.21jingji.com/html/2016-03-02/content_33353.htm。

济出现所谓的"结构性减速"。这种现象在发达国家经济转型时也先后出现过。

另外,由于以服务业为主的第三产业中的许多行业产品和服务的不可贸易性,相关行业和部门难以面临国际竞争压力,致使其劳动生产率的提高相对较慢,与制造业相比,其效率提升更为缓慢,结果导致国内服务业等部门的效率相对低下。在今后相当长一段时期内,只要服务业部门维持相对制造业的效率落差不出现回升,则随着第三产业整体规模及其占比的逐渐增加,我国经济发展从结构性增速向结构性减速转换的态势将逐步显现。①

3. 新常态下,如何加快转变经济发展方式?

转变经济增长方式和转变经济发展方式,是中国经济发展中一个并不新鲜的话题。党中央早就提出实现经济增长方式转变的思想,强调经济增长由粗放型转为集约型。1995 年制定的"九五"规划提出要从根本上转变经济增长方式。2005 年"十一五"规划建议再次强调要转变经济增长方式。党的十七大报告将转变经济增长方式改为转变经济发展方式。党的十七届五中全会、十八大和十八届三中全会进一步提出要加快转变经济发展方式。纵观中国经济增长和发展方式转变思想的提出和实践虽然已经有了相当一段时间,也取得了不少进展,但总体上看还并不理想,尤其是相对于经济增长方式转变而言,经济发展方式转变的任务还远没有完成。这其中,既有传统经济增长和发展方式惯性比较强大难以扭转,也有在国际金融危机前,传统经济增长和发展方式得以延续

---

① 参见袁富华:《长期增长过程的"结构性加速"与"结构性减速":一种解释》,《经济研究》2012 年第 4 期。

的若干前提条件始终没有发生根本改变,传统经济增长和发展方式发挥作用的空间依然在一定程度上客观存在等原因。

国际金融危机以后,中国经济发展的环境和条件出现了若干重大变化,很快进入新常态。新常态下,一些旧有的矛盾和问题尚未完全解决,许多新的矛盾和问题开始不断出现并呈现,既有的一直以来支撑我国经济快速增长的基础要素条件、国际市场条件、资源环境条件等都已经或正在发生重要变化。比如张军(2014)提出,支撑中国经济高速增长的成本条件和需求条件的改变。① 比较典型的成本条件有:农村剩余劳动力自相对不发达地区向发达地区城市的转移速度趋于减缓,使得劳动需求大于供给,带来工资成本攀升;低技能劳动力占比随着义务教育推广普及和整体教育水平的提升而不断降低;工业用地成本随着城市化加速而不断增加等。比较典型的需求条件有:较大的中国出口规模和竞争优势使得国际贸易摩擦仍在加剧;全国范围城镇化战略的实施和居民可支配收入提高,使得面向终端的消费需求既快速膨胀也亟待升级;城镇化推进和国内产业在东中西部地区的梯度转移,使得整体投资水平维持在较高水平,继续提高人均资本存量等。总之,新常态下的新情况和新前提条件,必然导致经济的原先运行方向、运行轨迹和结构速度动力等因素逐渐发生根本性改变,传统的经济增长和发展方式难以为继,原有的经济发展战略、经济发展方式和经济发展道路必须进行相应调整,要由主要依靠投资、出口拉动向依靠消费、投资、出口协调拉动转变,由主要依靠第二产业带动向

_____

① 参见张军:《中国的增长阶段转型将会更平稳:与巴里·诺顿对话》,《东方早报·上海经济评论》2012年10月16日。

依靠第一、第二、第三产业协同带动转变,由主要依靠增加物质资源消耗向主要依靠科技进步、劳动者素质提高和管理创新转变,更加注重质量结构效益,着眼长期稳定可持续发展,实现资源节约和环境友好的集约型经济发展方式成为最优选择。

党的十八大以来,中央高度重视经济发展新常态下的发展理念、发展思想和发展战略问题,先后提出中国经济发展新常态、供给侧结构性改革、创新协调绿色开放共享等重大概念、判断、理念,尤其是十八届三中全会进一步提出全面深化改革的重大思想。在新常态面对的国际国内各方面经济社会资源环境条件下,经济发展方式要以时不我待的历史紧迫感加快转变,转变经济发展方式已经步入加速轨道。因此,在进入新常态的新阶段,加快转变中国经济发展方式同样面临一个如何准确把握转变的方向和轨迹,如何全面协调快速地推进这个关系中国未来长远发展的重大转变,是中国经济发展中面临的又一个重大理论和实践课题。

二、选题意义

毫无疑问,中国经济发展中的适应和引领新常态、加快转变经济发展方式、调整经济结构、实现创新协调绿色开放共享发展、实现创新驱动发展战略、建设创新型国家和国家创新体系建设等主题,都是事关中国经济社会持续发展、中国特色社会主义事业开拓创新和中华民族伟大复兴中国梦的重大战略课题。在全面认识、深入理解特别是快速适应和主动引领新常态基础上,以全面深化改革的勇气,以全面创新驱动的利器,切实推进经济结构战略性调整,加快推进经济发展方式的转变,促进中国经济社会全面协调可持续地更好发展,是当前中国发展中的重大战略选择。本书对新常态下中国创新驱动发展战略的理论和实践问题的研究,至少具有以下几个重大意义。

一是在分析中国经济增长的内外部因素和机制,特别是认真研究中国经济发展新常态的静态动态特征、若干重大关系、速度结构动力等基础上,从理论上梳理中国经济发展的逻辑进路,增强引领经济发展新常态、推进供给侧结构性改革、加快转变经济发展方式、坚定创新驱动发展战略的理论自信和道路自信。

二是在深入分析研究中国经济发展新常态、供给侧结构性改革、经济发展方式转变、创新驱动发展战略相互关系基础上,清醒认识中国经济发展所处的历史方位和内外环境、任务的特殊紧迫和繁重复杂、各种要素条件的相互交织和互动变化、多种目标价值的相互冲突和兼顾取舍、攻坚突破的关键领域和方向路径、全面深化改革中的决心韧劲和勇气锐气。

三是将中国经济发展中的经济结构调整、转变经济发展方式、创新驱动发展战略与新常态、供给侧结构性改革等理论创新成果,从新常态下创新驱动发展战略的理论逻辑角度,用马克思主义经济理论和内生经济增长理论等加以分析研究和整合,厘清其内在联系和互动关系,并使之体系化,为引领经济发展新常态、实现中国经济引领型发展找寻一条正确的方向和道路。

四是着眼于创新驱动发展战略实施的最终落实层面,紧扣经济发展的微观主体即企业,提出有针对性的办法措施和对策建议。如立足代理理论框架对新一轮国有企业混合所有制改革进行理论梳理,立足动员型金融体制、所有制不平等竞争和非平衡供需结构,阐述中小企业融资约束问题,立足小微企业的次级类型划分研究其理论发展路径等,在些基础上提出具体对策和政策建议。

第二节　基本逻辑、研究思路
与研究方法

一、基本逻辑

本书的基本理论体系和框架主要包含四个理论逻辑组成的环环相扣的内在逻辑链条。

1. 中国经济发展新常态形成的理论逻辑。根据马克思主义经济增长和发展理论,阐明新常态是上一阶段中国经济因相对注重增长而在一定程度上发展没有跟上的粗放型经济增长方式这个内在原因和国际市场等外部环境条件发生变化共同导致的结果。同时,运用马克思主义经济理论和内生经济增长理论,对我国经济发展新常态的状态特征、价值判断、发展动力、可能前途等方面,进行系统论述。马克思主义经济理论认为,经济增长反映的是经济规模在数量上的扩大和增加,而经济发展不仅包括经济增长,而且包括经济结构的变化、经济质量效益和人民生活水平的提高,以及自然环境资源改善和社会进步发展等方面。经济增长及其方式的转变主要是从生产力发展角度而言的,而经济发展及其方式的转变主要是从生产力发展和社会经济关系发展相统一的角度来看了。经济发展经济增长是经济发展的前提和基础,但是,单纯的经济增长可能会出现只有经济量的增加而没有经济结构调整和优化升级、经济质量和效益提高,甚至出现环境污染、生态平衡破坏、资源枯竭、教育与医疗卫生事业发展滞后、贫富分化、社会矛盾加剧等问题，从而出现"有增长而无发展"的情况。党的十七大报告特别指出，我国"粗放型增长方式尚未根本转变""经济增长的资源环境代价过大"，表明经济结构调整和优化升级、经济质量和效益有效提升、由粗放型增长方式转变为集约型增长方式、减少经济增长的资源与环境代价等任务还远没有完成。中国经济发展新常态，某种意义上就是相对重视了经济增长而经济发展没有相应跟上，经济增长方式特别是经济发展方式转变没有真正到位，加之经济发展的国际国内外部环境发生实质上的深刻变化而呈现的一种多期叠加、速度结构动力等多重因素转折、发展前景有多种可能性等复杂特征的阶段性特征和状态。

2.新常态下加快转变经济发展方式的理论逻辑。阐明处于新的国际国内条件特别是诸多不利条件和因素约束下的新常态，原有支撑经济增长的既有条件和运行轨迹逐渐发生改变，传统经济增长方式难以为继，从供给侧结构性进行改革，加快转变为注重可持续发展的集约型经济发展方式成为当下最优的也是迫切的选择。马克思主义经济理论认为，在生产力与生产关系对立统一中，生产力决定生产关系，生产关系一定要适应生产力的性质和发展，生产关系能对生产力起反作用。在经济基础与上层建筑的辩证关系中，经济基础决定上层建筑，上层建筑对经济基础又有反作用，反映并服务于经济基础。生产力和生产关系、经济基础和上层建筑的相互作用及其矛盾运动，体现了生产力与生产关系之间、经济基础与上层建筑之间内在的本质的必然联系，因而称为生产关系适合生产力状况的规律和上层建筑适合经济基础状况的规律。先进的发达的社会生产力是一个不断变化发展的过程，在科技进步、加速现代化进程和产业加快升级中不断获得动态发展。这就要求针对生产关系在某些环节或实现形式上出现的不适应生产力发展要求的情况,对生产关系在根本性质不变的前提下发生部分质变即进行必要的调整,以适应生产力的发展变化,这种情况区别于社会经济制度的根本性变化,通常称为经济具体制度的变革,即经济领域的体制性变革。同样针对上层建筑在某些环节或实现形式上出现的不适应经济基础发展要求的情况,对其进行必要的调整,以适应经济基础的发展变化,这种情况通常称为政治和文化等领域的体制性变革。比如,对产业结构乃至经济结构进行调整、进行供给侧结构性改革、转变经济发展方式、让市场在资源配置中起决定性作用和更好发挥政府作用、加快政府职能转变、深化财税体制改革、构建开放型经济新体制、推进文化体制机制创新、推进社会事业改革创新等等。正如党的十八大提出的,要全面深化经济体制改革,推进经济结构战略性调整,实施创新驱动发展战略,加快完善社会主义市场经济体制,加快转变经济发展方式等。十八届三中全会进一步提出,全面深化改革要进一步解放和发展社会生产力、解放和增强社会活力,坚决破除各方面体制机制弊端,发挥经济体制改革的牵引作用,推动生产关系同生产力、上层建筑同经济基础相适应。从某种意义上说,加快转变经济发展方式,是面对中国经济发展的新的前提基础条件和各种约束条件,符合生产力与生产关系和经济基础与上层建筑相互作用规律,必须进行的关系中国经济、政治、文化、社会、生态等所有领域,涉及中国经济社会全面发展新理念新思想,包含制度体制机制、数量结构效益、战略步骤政策、国际国内全方位的根本性深刻变革。

3.创新驱动发展战略的理论逻辑。根据马克思主义经济理论和内生经济增长理论等,阐明加快转变经济发展方式,根本上是将经济发展的驱动力从依靠增加要素投入驱动转向依靠创新驱动;创新和创新驱动是包含生产力、生产关系(经济基础)、上层建筑各种要素在内的复杂的系统,所以创新驱动需要全面创新和全方位创新,也就是要全面深化改革,并且主要从供给侧发力,突出结构性调整。同时,聚焦我国经济发展中的全要素生产率提升、大国经济内部"雁行模式"和全面深化改革不断推进等潜在空间,论证创新驱动经济发展的客观性、可行性和逻辑路径。从中长期来看,支撑经济持续增长的最终动力越来越依赖于技术进步,从而依赖于科技创新,表现为劳动生产率或全要素生产率的不断提升。创新是个复杂的生态大系统,科技创新绝不能离开提高劳动力、投入资本等生产要素效率的过程创新,离不开研发新产品、开发新技术等的产品工艺创新,离不开通过组织架构调整改变生产要素组合使其更加高效的组织创新等的配合和支撑,否则科技创新成果难以成功转化为现实的经济发展动力和成果。尤其是技术创新体系的构建,必须以企业为主体。但是,在整个创新系统中,企业处于举足轻重的位置,企业主体是否能够发挥在创新驱动中的关键作用,取决于其行为的模式和选择。由于存在创新的溢出效应,企业有时难以将创新收益完全内部化,致使企业的研发和教育培训等很可能投入不足,这在信贷市场存在缺陷或经济衰退时尤为明显。此时,政府作为创新行为的共同投资者(co-investor),支持、引导甚至直接投资相关创新活动就显得非常必要。特别是创新驱动发展战略已经上升为国家战略,更离不开全社会不同层面、不同相关主体的共同参与和支持,离不开创新主体和创新资源拥有者源源不断地投入创新的内生动力。正如十八届三中全会所提出的"全面深化改革"等同于全面深入创新,就是要在生产力涉及的劳动力、资源环境、科学技术等组成要素,生产关系(经济基础)涉及的产权制度、经济结构、市场机制、分配制度等组成部分,上层建筑中的政府职能、文化体制、社会保障等方面进行全面深入的改革和创新,也就是实施全面深入的创新驱动发展战略。

4.突出企业主体的创新驱动理论逻辑。阐明经济发展新常态和加快转变经济发展方式前提下,创新驱动发展战略的核心是创新驱动经济发展;而在社会主义市场经济条件下,创新驱动经济发展最终要落实到技术创新的主体和经济的微观主体企业层面,因此要充分发挥企业在创新驱动经济发展中的关键作用。实施创新驱动发展战略,从宏观层面看,涉及科技创新、企业行为、政府作为、市场环境/政府主体、市场主体、社会环境等不同要素及其相互作用关系,是一项基于社会层面的复杂系统工程,如图1-1所示;从中观层面看,离不开科技领域、金融领域和组织管理/政府、金融和企业主体层面等方面的主动适应及调整,为创新驱动发展战略提供全面基础和全方位支撑,参见图1-2;在创新驱动发展战略的微观执行层面,需要将创新驱动发展战略落到经济的微观主体即企业/如:国有企业、中小企业和小微企业,就国有企业、中小企业和小微企业等不同类别和规模的经济主体,如何提升其自生能力、提高全要素生产率、增强产品或服务的有效供给等主要内容进行分析和研究,调动企业为主体的创新驱动发展的积极性和主动性,聚焦企业创新发展的瓶颈和短板,为其提供符合实际的有效解决方案,提出落实创新驱动发展战略所应采取的推进思路和举措,参见图1-3。比如:以混合所有制改革为契机,完善国有企业的内部治理机制,改善企业绩效;发展多层次资本市场,缓解中小企业融资约束难题;加强财政、税收、融资等政策支持,改善小微企业外部生存环境,增强其自生能力等。

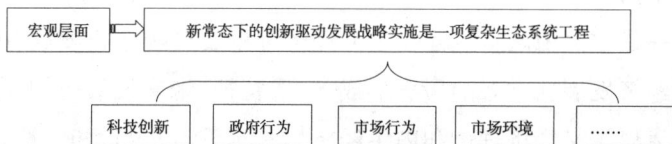

图 1-1 创新驱动发展战略实施的宏观层面逻辑结构

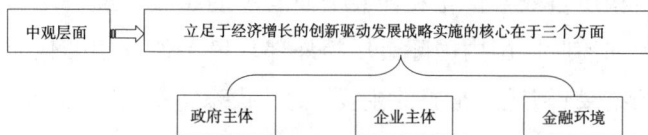

图 1-2 创新驱动发展战略实施的中观层面逻辑结构

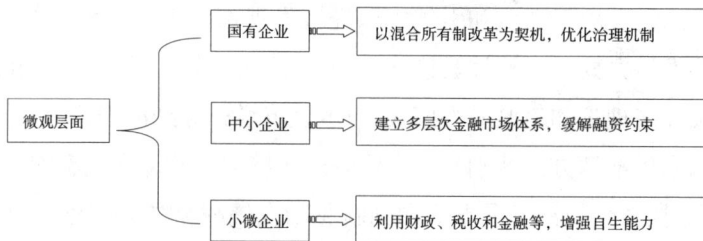

图 1-3 创新驱动发展战略实施的微观层面逻辑结构

二、研究思路

本书以中国经济发展新常态下实施创新驱动发展战略的理论逻辑和现实路径为主题,以新常态、经济发展方式转型、创新驱动发展战略的理论阐发为基础,就国有企业、中小企业和小微企业等不同规模和类别的经济主体,如何在创新驱动发展和供给侧结构性改革中提升自生发展能力、提高全要素生产率、增强有效供给等进一步展开,并提出全面深化改革和全面创新驱动的有关推进思路和举措。

一是立足中国特色社会主义经济理论发展和丰富实践,围绕中国经济发展新常态的历史形成、性质特征、未来发展等问题,运用马克思主义经济理论和内生经济增长理论,以定量和定性相结合的方法,阐明新常态的形成逻辑,即它是新中国成立以来相对忽视结构质量效益优化和社会全面发展的粗放型经济增长方式的内因和前阶段国内国际市场等外部环境条件发生变化而共同导致的结果;阐述新常态的主要表现、状态特征、内涵外延、发展动力、发展进路和可能前途等,作为创新驱动发展战略研究的逻辑起点。

二是着眼于适应和引领中国经济发展新常态,围绕加快转变经济发展方式的必要性紧迫性、可能性现实性等问题,运用马克思主义经济理论和借鉴雁行模式、内生经济增长等经济理论,阐明从需求和供给两方面特别是从供给侧进行结构性改革和调整的关键性、加快转变经济发展方式和创新驱动发展战略的必要性和全局性意义;分析中国经济增长和发展方式转变在大国内部的雁行模式、人口质量提升的二次人口红利,特别是技术创新和全面深化改革的政策红利等自身有利条件和潜力空间,作为新常态下实施创新驱动发展战略的内在理论环节和逻辑前提。

三是着眼于加快转变经济发展方式的着力点和关键举措,围绕创新驱动发展战略的全局性长远战略意义、理论依据、关键领域和重点环节等问题,阐明政府创新驱动、金融创新驱动和企业创新驱动的理论逻辑和重要措施;①根据马克思主义经济理论,创新驱动是包含生产力、生产关系(经济基础)、上层建筑各种要素在内的复杂的系统,所以创新驱动需要全面创新和全方位创新,也就是要全面深化改革,并且主要从供给侧发力,突出结构性调整;同时,聚焦我国经济发展中的全要素生产率提升、大国经济内部"雁行模式"和全面深化改革不断推进等潜在空间,论证创新驱动经济发展的客观性、可行性和逻辑路径。作为进一步深入论述企业主体创新驱动前的宏观和中观层面的理论准备。

四是着眼于创新驱动发展战略系统的若干要素,围绕技术创新、过程创新、组织创新的企业主体,阐明经济发展新常态和加快转变经济发展方式前提下,创新驱动发展战略的核心是创新驱动经济发展;而在社会主义市场经济条件下,创新驱动经济发展最终要落实到技术创新的主体和经济的微观主体企业层面,因此要充分发挥企业在创新驱动经济发展中的关键作用;在创新驱动发展战略的微观执行层面,就国有企业、中小企业和小微企业等不同类别和规模的经济主体,如何提升其自生能力、提高全要素生产率、增强产品或服务的有效供给等主要内容进行理性分析和研究,提出落实创新驱动发展战略所应采取的推进思路和举措。

五是着眼于创新驱动发展战略的最终落实和真正直接驱动经济发展,围绕国有企业混合所有制改革、突破中小企业融资约束、增强小微企业生存和发展能力等问题,运用制度经济学、委托代理

---

① 虽然科技创新驱动位于战略支撑和核心位置,但由于科技创新驱动本身也是一个重要而复杂的课题,学界已有相当分量的专著论述,所以此处没有专门阐述;还有经济体制改革创新驱动是关键,创新经济开放模式的重要意义等内容,融入在了相关章节,未作专门章节安排。

理论、动员型金融体制等分析工具,采用定量和定性分析相结合的方法,阐述国有企业改革要点在于管理自主权和财务自主权的下放及与其相配套的激励约束机制、党的领导和法人治理相统一、推进董事会决策模式和以管资本为主的监管模式等;发展中小企业对我国经济社会发展的重要意义、长期以来的融资约束成因以及解决的思路和举措;在将小微企业分为补贴生存型、自我生存型和发展成长型基础上进行如何增强其自身能力、实现健康成长等问题的理论和对策研究。

六是立足于新常态的宏观经济背景,围绕创新驱动发展战略展开研究,主要从两大层面、五个方面展开,宏观层面主要是经济新常态和经济增长和发展方式转变,回答经济新常态的主要表现、形成逻辑和治理途径,及我国经济增长和发展过程中的动力机制、转换途径、潜在空间和可行举措等;微观层面主要是国有企业(大中型,下同)、中小企业(含规模较小的国有企业,下同)和小微企业(小型企业、微型企业、家庭式作坊、个体工商户,下同),以其承载供给侧结构性改革、提升全要素生产率和自身能力所需要的配套政策和体制机制改革为切入点,提出全面深化改革中所应关注的体制机制改革、金融体系完善和政府职能转变等若干重大问题。

七是在上述研究基础上,就新常态下如何实施好创新驱动发展战略推动国有企业、中小企业和小微企业增强自生能力、提升全要素生产率,围绕政府职能转变、深化社会主义市场经济改革、健全多层次金融市场、打造多层次创新体系、推进混合所有制改革、实现不同所有制企业平等竞争等方面,提出相关政策建议或启示。

三、框架结构

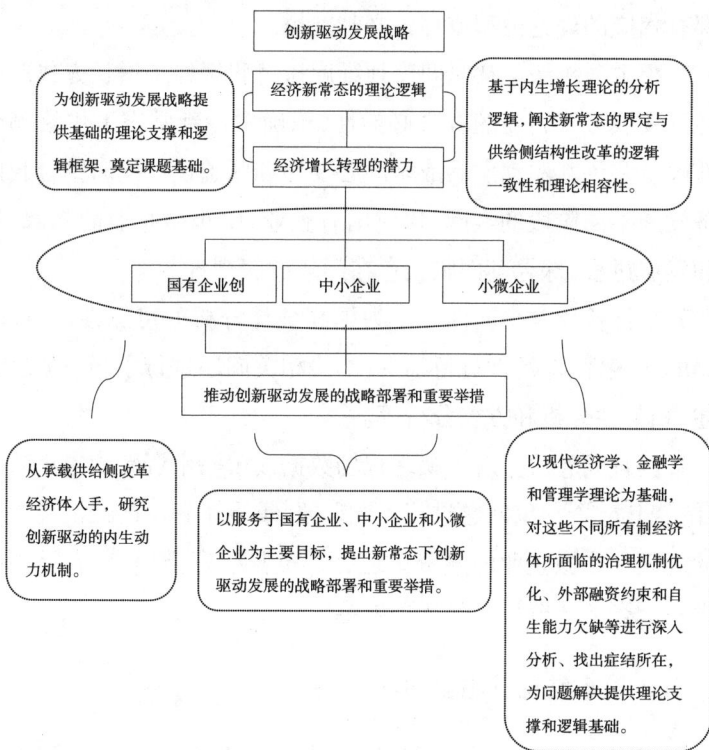

四、研究方法

本书以马克思主义经济理论为指导,借鉴现代经济学有关理论与方法,实现理论与实际相结合、定性分析与定量研究相结合、整体分析与结构分析相结合,根据研究需要,主要使用规范分析法、历史分析法、统计检验及多元回归法、调查问卷法等具体研究方法。

1. 规范分析法。运用规范分析法,研究探讨经济发展新常态下不同规模和类别企业发展面临的"瓶颈",涉及的主要结论或观点都有相应的理论模型或理论文献支撑。

2. 历史分析法。从时间序列维度探讨我国经济增长方式形成及经济发展方式转变的客观必然性,正确看待新常态下供给侧结构性改革和创新驱动发展战略的必要性和紧迫性。同时结合我国经济发展不同阶段的实际,探讨国有企业、中小微企业的起源、形成和发展过程,探寻其面临或存在问题的客观性。

3. 统计检验及多元回归。为提高统计分析的可靠性,对样本选择的代表性、广泛性进行筛选,围绕相关问题进行了相应的统计描述、相关性分析和方差分析等。

4. 调查问卷法。对于缺乏现场数据或第一手资料的中小微企业,围绕其融资约束问题进行专题调研,重点了解不同经济发展水平的地区中小微企业的融资渠道、融资规模、资金用途、实际利率水平及潜在的融资诉求等相关内容。

五、篇章结构及主要内容

本书以新常态下创新驱动发展战略为研究主题,立足探讨支撑新常态形成和经济增长发展方式转变背后的理论逻辑,揭示传统经济增长和发展方式内生动力丧失的原因、实施创新驱动发展战略推动经济发展方式加快转变的全局性长远战略意义。在此基础上,就政府、金融、企业的创新驱动,特别是着眼于供给侧结构性改革核心指标,围绕不同规模和类别企业所遭遇的"瓶颈"及其背后的理论逻辑,有针对性地提出突破瓶颈、化解困境的有关举措。

第一章,阐述研究背景、选题意义、基本逻辑、研究思路、研究方法、研究对象及主要创新等。

第二章,以定量和定性相结合的方法,阐述新常态的主要表现、内涵外延、形成逻辑、发展路径和可能前途等,作为本书提出创新驱动发展战略的逻辑起点。

第三章,基于内生增长理论分析框架,对新中国成立以来的经济增长和发展进行深入分析,主要探讨 1949—1977 年、1978—2008 年两个阶段经济增长和发展的动力机制、自洽性逻辑,为新常态下的经济发展存在的困难和问题提供分析基准和切入点。特别是就新常态下经济发展的成本条件、需求条件等发生的重要改变,阐述赶超型经济增长模式所面临的困境、挑战和机遇,借以提出经济增长和发展方式转变的必要性和可能性。在此基础上,围绕我国经济增长和发展的潜在空间——全要素生产率提升空间、大国经济内部的雁行模式和全面深化改革的红利,论证推动我国通过创新驱动实现引领型经济增长和发展的客观性、可行性和逻辑路径。

第四章,立足于制度经济学的分析视角,以委托代理理论为主要分析框架,着眼于兼顾效率与公平,阐述国有企业形成的历史渊源及改革开放以来历次改革的经验与教训。在此基础上,以政策性负担、国资"退出"困境和政府干预为逻辑基点,论证国有企业改革的关键措施在于管理自主权和财务自主权的下放及其相配套的激励约束机制。在此基础上实现党的领导和法人治理相统一,是新一轮国有企业改革成功的关键。

第五章,采用定量和定性分析相结合的方法,以全要素生产率作为评判标准,阐述我国中小企业形成的历史渊源及改革开放以来的发展历程,论证发展中小企业对推动我国经济持续增长、缓解就业压力的积极作用。立足于动员型金融体制、所有制非平等竞争和非平衡供需结构等视角,阐述我国中小企业长期以来的融资约束问题及其成因。在此基础上,结合政府治理、区域/地区经济发展、多层次金融体系建设等,提出解决中小企业融资约束问题的思路和举措。

第六章,采用定量和定性分析相结合的方法,阐述我国小微企业形成的历史渊源及改革开放以来的发展历程,提出经济新常态下发展小微企业的重要意义。结合小微企业自生能力和成长空间的实际情况,将其划分为补贴生存型、自我生存型和发展成长型,作为制定和出台改革举措、落实优惠政策的基础。提出对于补贴生存型小微企业,应逐步建立地方政府引导下的公共服务平台和政策金融体系予以支持,以增强其自生能力、减少外部依赖,促其向自我生存型转化升级。对自我生存型小微企业,地方政府应出台财政、税收、采购等方面的优惠政策及动员地方性商业银行、中小型非银行金融机构开发贴近性金融产品或服务,为其提供经营宽松、竞争有序和融资便利的外部环境,推动其向发展成长型转化升级。对发展成长型小微企业,地方政府可成立专门机构和融资平台,围绕这类小微企业的应收款、专利、核心技术、无形资产等核心资源,对接资本市场,进行金融创新,为其快速成长打开上行通道。

第七章,就以上各章的研究内容,从国家顶层设计、政府职能定位、金融体制改革和产业政策优化等方面,围绕混合所有制改革、多层次金融市场建设、完善全国统一市场体系、加速要素流动、完善国家创新机系、进行全方位体制机制变革等方面,提出政策建议和启示。

第三节 研究对象界定、创新及不足

一、概念和术语用法的界定

本书对国有企业、中小企业和小微企业等研究对象及经济转型、全要素生产率、创新等相关专用术语界定如下。

1. 经济增长、经济发展、经济转型等。本书先后出现经济增长、经济发展,经济增长方(模)式、经济发展方(模)式,经济增长模式转变、经济发展方式转变、经济转型等名词,具体含义如下:(1)经济增长主要是从生产力发展角度讲的,是指一个国家或地区在一定时期内经济规模(包括物质产品和劳务)在数量上的扩大和增加。经济发展主要是从生产力发展和社会发展相统一的角度讲的,是指一个国家或地区经济规模扩大、经济结构优化、经济生活水平普遍提高,以及社会经济关系不断发展的过程。经济增长是经济发展的基础,经济发展含义比经济增长更广泛,不仅包括经济增长,而且强调经济结构变化、经济质量效益和人民生活水平的提高。(2)经济增长方式,是指一国或地区实现其经济总量增加的方法和模式。经济发展方式,是指一国或地区实现其经济增长、经济结构优化和经济质量提高的方法和模式,它既包括经济增长方式,也包括通过经济结构优化和经济质量提高实现经济发展的途径和方法。经济增长方式转变是经济发展方式转变的基础和前提,经济发展方式转变的内容比经济增长方式转变的内容要更广阔。(3)经济增长(发展)方(模)式主要指两类,即外延型(粗放型)和内涵型(集约型)。外延型(粗放型)经济增长(发展)方(模)式,是指单纯依靠增加生产要素的数量投入获得经济增长(发展)的方(模)式。内涵型(集约型)经济增长(发展)方(模)式,是指主要通过改进技术、提高要素质量和生产效率实现经济增长(发展)的方(模)式。经济增长(发展)方(模)式转变,是指经济增长(发展)方(模)式由外延型(粗放型)向内涵型(集约型)转变。(4)经济转型,主要指经济发展方式的转变,即由外延型(粗放型)经济发展方式转变为内涵型(集约型)经济发展方式。

2. 全要素生产率、劳动生产率等。在理论上,全要素生产率是指扣除了资本投入和劳动投入以外的、其它尚未观测(测量)的要素投入贡献之和,这些要素包括但不限于技术进步、产业结构调整、规模经济、资源配置等,它有助于较客观地衡量经济增长的质量和可持续性。在实证上,全要素生产率则是回归方程估计后的残差。就微观而言,全要素生产率比财务指标能更加稳健可靠地对企业未来发展潜力进行较客观的评价。马克思主义经济理论认为,生产率指的是单位时间内使用价值的生产能力,在使用价值的创造中,劳动力之外的资本、土地等生产要素只是为劳动生产率的变化提供了条件,任何一种经济产出都可以归结为劳动的贡献,因此,生产率就是劳动生产率,其含义相当于全要素生产率。因此,西方经济学中的全要素生产率是一个在生产率研究中可资借鉴的概念。[①]

3. 创新、组织创新等。创新是一个复杂的名词,从创新所涉及的各相关要素来看,创新是一个包含若干方面的复杂的生态系统。

---

①　参见蒋学模:《高级政治经济学》,复旦大学出版社 2001 年版,第 196 页。

从研究需要出发,一般对创新进行分类,但有多种分类方法,比如,可以分为理论创新、科技创新、制度创新、体制机制创新、文化创新、管理创新等,可以分为政府创新、市场创新、企业创新等,可以分为科技创新、组织创新与过程创新等,创新理论学家熊彼特将创新区分为新产品、新的生产方法、新的供应源、开辟新市场以及新的企业组织形式等。不同于新技术研发和新产品开发,组织创新和过程创新更多以提高要素生产效率,或改进组织决策效率、降低管理成本、提高全要素生产率为目标。鉴于前沿技术追赶的高风险、大投入及我国目前所具有的比较优势,本书侧重探索以组织创新和过程创新手段,改善企业的决策机制、降低它们的运营成本,实现企业全要素生产率的提升。

4. 国有企业。若无特别说明,本书涉及的国有企业主要为规模较大的中央国企或地方国企。至于其他规模偏小的国有企业,本书暂将其归入中小企业类别之中。

5. 中小企业。根据 2011 年国家统计局发布的工业企业规模划分标准,中小型企业包括中型企业和小型企业。其中,中型企业的从业人员为 300 至 1000 人、营业收入为 2000 万元到 4 亿元;小型企业的从业人员为 20 人至 300 人、营业收入为 300 万元至 2000万元。与小微企业相比,中小企业具有较成熟的主营业务、较强的自生能力,在某些细分市场领域甚至有一定的竞争优势和拓展空间。由于历史原因,我国中小企业通常包括私营企业、有限责任公司、外商投资企业、港澳台商投资企业、股份有限公司、国有企业、集体企业、股份合作企业和联营企业等多种类型。

6. 小微企业。参照 2011 年国家统计局发布的工业企业规模划分标准,微型企业的从业人员少于 20 人、营业收入低于 300 万元。可是,这种界定尚未将个体工商户和家庭式作坊纳入其中。故而,根据课题研究需要,本书将小微企业界定为小型企业、微型企业、家庭式作坊、个体工商户的统称①,其典型特征是雇员人数少、产权和经营权高度统一、自主经营、以家族式管理为主、在同行业中不占垄断地位。

二、主要创新

基于既有文献研究成果,本书对新常态下的创新驱动发展战略进行较为深入的研究,在以下方面进行了创新和开拓。

一是对新常态的性质特征、过渡性、发展前途等进行了创造性的系统研究,为创新驱动发展战略的进一步研究夯实了理论基础和逻辑前提。

二是对实施创新驱动发展战略的内在逻辑链条进行梳理,创造性地构建了新常态下创新驱动发展战略的理论系统,为创新驱动战略提供了系统的理论支撑。

三是围绕我国经济增长和发展的潜在空间——全要素生产率、大国内部经济的雁行经济和全面深化改革红利,提出我国向创新引领型经济发展方式转变的客观可行性和逻辑进路。

四是立足动员型金融体制、所有制非平等竞争和非平衡供需结构三大视角,从政府治理、区域/地区经济发展、多层次金融体系等方面,提出解决中小企业融资约束的思路和举措。

五是将小微企业划分为补贴生存型、自我生存型和发展成长

① 参见李安渝:《小微企业信心研究报告》,对外经济贸易大学出版社 2016 年版。

型三个类型,据此提出与自生能力相匹配的政策建议。

六是运用社会主义市场经济基本规律等马克思主义经济理论,借鉴内生经济增长模型等西方经济理论,对创新驱动发展战略、中国新一轮经济改革的结构性特征、加快转变经济发展方式等有关问题进行创新性的分析和研究。

三、不足之处

囿于时间原因和数据资料可得性,本书还需在以下方面加以改进。

一是研究方法上,定性较多、定量较少,接下来需要加强数据收集和整理。

二是研究深度上,关于国有企业的研究深入不够,需要突出若干重点进行深入研究。

三是研究广度上,对企业之外的农村经济体即农户关注不够,尚未纳入研究范围,需要在以后围绕农户的发展及其过程中的融资问题,以农村金融为方向加以深入研究。

第二章　中国经济增长的内在
逻辑与新常态

第一节　新中国成立以来的经济增长

1949 年中华人民共和国成立。1949—1952 年,新中国经历了 3 年恢复时期。1952 年提出向社会主义过渡的目标,1953 年提出过渡时期的总路线和总任务,简称为"一化三改",即基本上完成国家工业化和对农业、手工业、资本主义工商业的社会主义改造。1953 年开始,实施新中国第一个五年计划(1953—1957),以苏联"优先发展重工业"的工业化路线作为经济建设的指导方针。1956 年宣布基本建立了单一公有制的社会主义制度。从 1949 年中华人民共和国建立到 1956 年社会主义制度基本建立,总共用了约 7 年时间。

1. 新中国成立至党的十一届三中全会期间的经济增长

新中国成立后,学习苏联的做法搞社会主义计划经济,在 1978 年改革开放前的相当长时期内一直坚持计划经济体制。1953—1978 年,我国政府先后推行四个五年计划,即:"一五"计

划,1953—1957 年;"二五"计划,1958—1962 年;"三五"计划,
1966—1970 年;"四五"计划,1971—1978 年。表 2-1 显示,在四
个五年计划期间,我国资本积累率平均为 27.45%,最高达到
33.27%;基本建设投资结构明显向重工业倾斜,重工业投资占比
平均达到 47.42%,最高为 54%("二五"计划期间)。在此背景下,
我国在 60 年代成功试爆原子弹、70 年代实现卫星上天。这表明,
借助计划经济管理模式,我国以农业社会的生产力水平实现了重
工业的优先发展。

但是,由于缺乏足够的信息和市场化的交易机制,这种高度依
赖资本积累的经济增长效率极其低下。计划经济体制又排斥市场
机制发挥作用,对经济的调控也缺乏足够信息和灵活性,因而其经
济效益极其低下。1952—1981 年间,全要素生产率的增长最高约
为 0.5%,在不少年份甚至为负值①。随着改革开放的全面推进,
我国全要素生产率呈现逐渐增长趋势,推动经济增长保持在较高
水平。

表 2-1　1949—1977 年我国前四个"五年计划"增长

（单位:%）

	资本积累	基本建设投资结构			
		农业	轻工业	重工业	其他
"一五"计划	24.2	7.1	6.4	36.2	50.3
"二五"计划	30.8	11.3	6.4	54	28.3

---

① 参见林毅夫:《解读中国经济》(增订版),北京大学出版社 2015 年版,第
97—100 页。

续表

	资本积累	基本建设投资结构			
		农业	轻工业	重工业	其他
1963—1965 年	22.7	17.6	3.9	45.9	32.6
"三五"计划	26.3	10.7	4.4	51.1	33.8
"四五"计划	33.27	9.8	5.8	49.9	34.8

资料来源:国家统计局国民经济平衡统计司编,《国民收入统计资料汇编(1949—1985)》;国家统计局固定资产投资统计司编,《中国固定资产投资统计资料汇编(1950—1978)》。

当然,1952—1978 年我国的人均 GDP 年均增长率仍达 3%,主要由于在此期间物质资本和人力资本投入的大幅增加(而在1952 年,我国物质资本和人力资本投入的水平都非常低)。如:物质资本从 1952 年的 0.91 上升到 1978 年的 2.22,约上升140%;平均受教育年限从 1952 年的 0.74 提升到 1978 年的 3.75,上升幅度超过 400%。[1] 因而,即便是全要素生产率水平没有提升,物质资本和人力资本的大规模投入也足以令我国人均 GDP 处于上升态势。尽管如此,我国人民的生活水平在此期间并未有显著改善。而二战后与我国处于同等生活水平的新加坡、中国香港、中国台湾、韩国、日本,经过 20 余年的发展,已先后成为新兴工业化经济体。其中,新加坡和中国香港地区在 90 年代人均收入水平超过英国、接近美国。[2]

---

[1] 参见林毅夫:《解读中国经济》(增订版),北京大学出版社 2014 年版,第91—95 页。

[2] 参见林毅夫:《解读中国经济》(增订版),北京大学出版社 2014 年版,第91—95 页。

表 2-2 1952—1977 年国内生产及产业结构演进

年份	第一产业		第二产业		第三产业	
	产值（亿元）	占比（%）	产值（亿元）	占比（%）	产值（亿元）	占比（%）
1952	342.9	51	141.8	21	194.3	29
1956	443.9	43	287	27	303.4	30
1960	347	23	648.2	44	468.1	32
1964	559	38	513.5	35	381.5	26
1968	726.3	42	537.3	31	459.5	27
1972	827.4	33	1084.2	43	606.5	24
1976	967	33	1337.2	45	639.5	22
1977	942.1	29	1509.1	47	757	23

注：作者整理，数据来自国泰安数据库。

表 2-2 显示，1960 年之前的新中国成立初期，以农业为主的第一产业产值高达 342.9 亿元，超过当时的第二产业和第三产业产值之和，占三次产业总产值的比例约为 51%。其后，随着我国重工业优先发展战略的不断推进，以重工业为主的第二产业产值逐渐上升。在 1960—1977 年间，第二产业产值增速最快、占比最高，成就了名副其实的重工业优先发展。在此期间，第三产业产值增速相对平稳，尤其是进入 1970 年以后，其占比维持在 25% 以下，这在一定程度上同样佐证了重工业优先发展战略对轻工业的"挤占效应"。因而，仅就发展重工业而论，我国传统的计划经济体制是很成功的；若以国民生活水平改善为目标，则我国传统的计划经济体制就赶不上"亚洲四小龙"的市场经济体制取得的成效。值得注意的是，尽管经过 20 余年的发展，我国实现了重工业优先发展和快速发展的目标，但这种依靠压缩轻工业、片面扶持重工业的

粗放型经济增长模式是难以长期持续的,必须转变经济增长和发展方式。就此而言,我国之所以能够在1978年以后逐步转向社会主义市场经济体制,既包含党中央回归人民群众生活水平提升这个社会主义生产最终目的的英明决策,也是传统的计划经济体制和粗放型增长和发展模式难以为继下的必要选择。

2. 党的十一届三中全会后的经济增长

1978年12月,党的十一届三中全会彻底否定"两个凡是",确立了解放思想、实事求是的思想路线,决定把工作重心转移到经济建设上来。会议还提出实行改革开放,努力将发展目标从重工业优先发展调整为经济建设和提升国民生活水平。此后,我国政府通过放开价格管制、激活民营经济、减少政府干预等改革措施,逐步培育和完善社会主义市场经济体制。

表2-3　1978—2008年我国主要经济指标增长

(单位:亿元)

年份	国内生产总值	工业总产值	进出口总额	外汇储备（亿美元）	外商直接投资
1978	3650.17	1735.97	355	1.67	
1982	5333.05	2370.58	771.3	111.25	
1986	10308.76	4469.92	2580.4	105.14	76.28
1990	18774.32	7678.02	5560.1	285.94	102.89
1994	48459.64	22333.53	20381.9	516.2	432.13
1998	84883.69	67737.14	26849.7	1449.59	585.57
2002	121002.04	110776.48	51378.2	2864.07	550.11
2006	217656.59	316588.96	140974	10663.44	670.76
2008	316751.75	507448.25	179921.47	19460.3	952.53

注:作者整理,数据来自国泰安数据库;1996年之前工业总产值数据用第二产业近似代替。

由表 2-3 可知,经过 30 年的发展,中国 GDP 从 1978 年的 3650 亿元增加到 2008 年的近 32 万亿元。按可比价格测算,年均复合增长率约为 15%。其中,2003—2008 年连续年均增长速度达到或超过 10%。我国工业总产值也增长迅速,从 1978 年的 1736 亿元增加到 2008 年的近 51 万亿元,年均复合增长率约为 20%。与此同时,我国进出口总额也从 1978 年的 355 亿元增加到 2008 年的约 18 万亿元,年均复合增长率超过 22%。总而言之,作为当今世界人口第一大国,我国如此大规模的高速发展不但快速地改变了自身经济状况,也对世界经济格局产生深远影响,在某种程度上改变着世界产业分工体系,甚至在某些领域成为影响世界价格波动的主要来源。

3. 1978—2008 年我国经济增长的贡献度分解

1978 年改革开放以来,我国经济和全要素生产率总体呈上行趋势,尤其是伴随重大改革举措而持续增长,但其主要增长来源却趋于变化。在价格双轨制期间,尤其是 1978—1984 年,农业对经济增长的贡献程度很大。20 世纪 80 年代中期以后,以乡镇企业为代表的非国有部门对经济增长起到引领作用。90 年代以后,逐渐发展壮大的民营企业和改革后的国有企业对经济增长起到引领作用。实证研究表明,1978—2007 年,我国全要素生产率年均增速达到 3.61%,可以相应地分解到农业部门和非农业部门、国有部门和非国有部门。其中,来自农业部门的贡献约为 1.5%,来自非农业部门的贡献约为 2.11%。1987—2007 年,来自非国有部门的贡献达到 2.27%,来自国有部门的贡献为 1.34%。就是说,如果非国有部门全要素生产率未能增长,那么同时期的非农业部门全要素生产率增长约为零。①

　　因此,非农业部门和非国有部门对全要素生产率增长的贡献
都比较大。随着改革开放的推进和社会主义市场经济的发展,我
国非农业部门为代表的重要增长源将继续推动经济持续增长,既
由于非国有部门在非农就业总量中的占比大幅度提升,由1978年
的48%上升到2007年的84%,也由于1998年以后国有企业的资
产重组和治理改革,在一定程度上提升了生产效率,为全要素生产
率增长做出较大贡献。②

第二节　经济增长的外部因素、
内部基础与动力机制

一、经济增长的外部因素——产业转移与外商直接投资

1.雁行模式、产业转移与世界工厂

　　二战后,随着欧美发达国家经济恢复、国家综合实力提升,加
上以通信技术等为基础的技术进步,世界经济越来越趋于一体化,
跨国公司越来越着眼于全球视角开拓市场、开发产品和扩大投资。
尤其是冷战结束后,全球经济一体化的趋势大大加强,其中突出表
现之一是国际间的产业转移。随着外部市场的扩大和国内生产成

---

　　①　参见朱晓冬:《理解中国经济增长:过去、现在和未来》,《比较》2013年第
1辑。

　　②　参见朱晓冬:《理解中国经济增长:过去、现在和未来》,《比较》2013年第
1辑。

本的提高,不少发达国家或地区逐渐将某些具有技术优势的产业向其他国家或地区转移,以便尽可能利用接收国家或地区的低人力成本、资源禀赋和市场容量等比较优势,实现生产的成本最小化或利润最大化。在发展经济学中,日本学者赤松要(1932)将这种因各国或地区间要素禀赋、技术差距和产业分工不同而形成的产业梯度及表现出来的产业转移现象,形象地概括为"雁行产业发展形态论",简称"雁行模式",其较为常见的成长路径为"进口——国内生产(进口替代)——出口"。

20世纪60年代——90年代初,东亚地区的经济发展中形成了类似"雁行模式"的产业转移链条。其中,经济较为发达的日本作为先进技术和投资资金的转出国,逐渐将进入成熟期和大规模制造期的产业转移到更具有成本优势的中国香港、中国台湾、新加坡和韩国(并称亚洲四小龙)。随着亚洲四小龙逐步实现了产业升级和结构转换,这些经济相对较发达的国家或地区继续推进这个产业转移模式,将进入成熟期和大规模制造期的产业再转移到劳动力更加低廉的东南亚各国和中国沿海地区。这种环环相扣、逐级转移的区域分工模式被称为东亚经济发展中的"雁行模式",它带动了整体东亚经济的依次起飞和产业升级。

1978年改革开放后,我国东南沿海地区借助承接日本和亚洲四小龙的产业转移,推动了"珠三角""长三角"招商引资的开展和出口加工业基地的建设。随着改革开放的深化及随之而来的人口红利爆发,其为我国在短短二三十年时间内完成快速工业化进程,成长为名副其实的"世界工厂",并成为世界第二大经济体奠定了坚实基础。

2. 中间产品引进、技术进步与外商直接投资

格拉伯威克(Grobovsek)提出,中间产品生产者的低效率是造成发展中国家全要素生产率低下的重要原因,通过进口相关中间产品有利于提升其全要素生产率。为寻找墨西哥较中国增长速度慢的原因,基欧和梅萨(Kehoe 和 Ruhl)将墨西哥赶超过程与中国进行比较,在综合考虑政治体制、社会结构、人口规模及当时所面临的问题等基础上,得出两个主要原因。一是,中国在经济起步阶段较墨西哥贫穷得多,这为其发展造就了巨大的成长空间。二是,中国有效地实施了对外开放战略,为其廉价地从国外进口中间产品和资本品提供便利条件,而墨西哥却在这方面付出了较为昂贵的代价。①

在承接产业转移过程中,中国依托庞大的市场资源优势和强劲的人口红利,保持了较其他许多经济体更具优势的低成本,逐步在众多的后发国家竞争中胜出。尤其是对那些不具有比较优势的初级产品和中间产品,中国通过以"市场"换"技术"方式,引导其以较低的成本进入中国,为最终产品赢得价格优势、形成国际竞争力奠定了基础。因此,正是由于 1978 年以来中国始终不渝地坚持对外开放,以较低的成本引进世界先进技术(包括不具备比较优势的初级产品和中间产品),使得中国在最终产品生产环节具有了竞争优势,由此在参与全球分工的竞争中胜出。

二、经济增长的内部基础——人口红利

从长期看,经济体持久持续的经济增长大多数伴随人口结构

---

① 参见基欧、梅萨:《追赶型增长后的经济停滞:1950—2010 年的墨西哥》,《比较》2012 年第 3 辑。

的优化。在东亚诸多国家或地区,大量适龄人口进入劳动力市场,使得劳动力供给及其相应的储蓄率提高均变得更加有利于经济增长。1970—1995年,除中国之外的其他东亚国家或地区经济人均GDP增长率达到6.11%,较正常状态下的稳态增长率约高出4个百分点。在诸多关键因素中,这些国家或地区的人口结构转换约贡献了1.5—2.0%。① 学界将这种因人口结构改变所带来的经济增长现象,称为"人口红利"。在人口红利的释放阶段,生育率下降,少儿抚养比例下降,总人口中的适龄劳动人口比重显著上升。

在中国成长为世界工厂的过程中,人口红利通常也被认为是最重要的因素之一。改革开放初的1978年,我国15—59岁人口比重相对处于较低水平,因此人口负担较重,处于所谓的"人口负债"状态,这种人口年龄结构不利于经济增长,当年人口年龄结构对国内生产总值的贡献约为-182亿元(占当年GDP总量的-5%左右)。此后,我国人口年龄结构不断转变,15—59岁人口占比逐渐提升,总体社会抚养比不断下降,逐渐形成人口红利特征,人口年龄结构因素对经济增长从阻碍渐趋变为促进,其在改革开放后的10个年头对GDP增长贡献持续提升,尤其是进入21世纪,人口红利对我国经济增长做出了突出贡献。2006年,人口红利对国内生产总值的贡献达到2.8万亿元,占GDP比重约为13%。② 如果再考虑与人口相生相伴的消费、创新、储蓄等因素,人口红利对经济增长的贡献更大、占比更高。可见,潜在的人口基数、人力资

① 参见许召元:《人力资本:数量下降与质量提升》,选自刘世锦主编的《中国经济增长展望(2015—2024)》,中信出版集团2015年版。
② 参见陈友华:《人口红利与中国的经济增长》,《江苏行政学院学报》2008年第4期。

本积累和人力成本等优势,支撑了改革开放 30 多年中国经济的持续、高速增长,形成独具中国特色的"人口红利"。

三、经济增长的动力机制与核心举措

1.地方政府发展经济的积极性与经济增长的动力机制

在欧美等国家或地区,经济资源大多数为私人部门(家庭)控制,这些私人部门直接实施的经济决策、主导的经济活动与地方政府没有太大的直接关系。[①]

在中国,相当大部分的经济资源掌握在被分割成了大大小小的、相对独立的地方各级政府手中。与欧美、日本及其他发展中国家不同,中国政府除了提供公共服务和基础设施外,还深度参与经济增长,当然这也在某种程度上弥补了"脱胎"于计划经济体制的社会主义国家在金融市场薄弱、融资渠道不畅、中介机构匮乏、市场交易成本过高、法律体系不健全、合同条款难以执行等方面的诸多不足。中国地方政府拥有的发展经济的资源是相当丰富的。20世纪 80 年代以来,中国地方财政支出占全国财政支出的比例一直约为 70%,高于欧美大多数发达国家。由于对经济资源的掌控,地方政府的积极性便在很大程度上决定了经济增长的规模和速度。

在刚刚走出文革极度贫穷状况的改革开放初期,出于改善群众生活水平、提升生活质量的需要,以经济建设为中心,将经济增长作为地方政府发展经济的目标,对地方政府采用国内生产总值(GDP)及其增速指标作为经济发展绩效的衡量标准。地方政府

---

① 参见林毅夫、李志赟:《政策性负担、道德风险与预算软约束》,《经济研究》2004 年第 2 期。

在经济方面有着相似的初始条件,有相对独立的行政事务主动权,掌握着大量的、发展经济所需要的物资、财务、人口等资源,具有相对公平的竞争环境和基础。因此,在中央集中统一领导下,地方政府贯彻以经济建设为中心,充分发挥自身的积极性、主动性和创造性,追求 GDP 及其增速的最大化,成为中国经济增长的动力机制。非但如此,中国县级及以上的地方经济还呈现出相对自给自足的局面,这也为地方经济相互竞争提供了又一个必要的基础条件。GDP 是一个综合指标,能够最大限度地将地方政府的主观能动性及其行为效果予以反映,且在不同区域之间具有可比性和透明性。因此,将经济增长作为地方政府发展经济的目标,既是国家社会生活的必需,也在客观上为发展非国有经济创造了条件,也为地方政府展开地区之间发展经济的竞争提供了必要的基础条件。

2. 分税制改革、土地财政与经济增长的核心举措

虽然在中央集中统一领导下,地方政府运用掌握的丰富经济资源,追求 GDP 及其增速的最大化,为中国经济增长提供了动力机制,但最终是否能够实现经济增长仍然取决于其中关键性的条件——资本积累及其分配效率。张军(2012)提出,我国 20 世纪 90 年代之后的加速工业化现象,并非主要来自中央政府自上而下制定实施工业化战略和落实产业政策,而主要是来自各级地方政府所推动的工业化和资本积累的加速形成。[1]

事实上,早在 20 世纪 80 年代,中央政府就将财政和决策相当大部分的权力下放至地方政府,并建立了地方政府之间的竞争机制,但彼时我国并未发生快速工业化和资本积累的显著加速,反而

---

[1]　参见张军:《理解中国经济快速发展的机制》,《比较》2012 年第 6 辑。

引发了不同地区间的地方保护主义行为,导致市场封锁和分割,其中大量存在的重复建设严重影响资本配置效率,恶性通货膨胀反复发生,经济大起大落,经济增长的基础脆弱,甚至陷入全国性的"一统就死、一放就乱"的怪圈。

1994 年,我国开始实施的分税制改革方案,是中国经济在 20世纪 90 年代之后加速工业化并逐步跳出"一统就死、一放就乱"怪圈的制度基础,也使得中央政府和地方政府间的激励相容有了新空间①。从宏观层面看,中央政府从地方政府的增值税增长中获得更大的分享比例,财力不断改善。这不仅有利于增强对宏观经济稳定的调控能力,也有利于奖惩地方政府的作为以及对结构改革的失利者进行转移支付或交叉补贴。就微观层面而言,地方政府因被赋予了独立的税源和可分享的增值税,便从地方国有企业的所有者和补贴者转变成征税者,从而使得中央政府自上而下的结构改革和国有企业的大规模改制推进较为顺利。② 由于分税制带来的激励相容优势,中国在其实施后的 6 年内以一种较为激进的方式完成了国有企业改革,为我国宏观经济的加速工业化提供了重要的市场主体。③

---

① 1993 年 11 月,党的十四届三中全会通过《关于建立社会主义市场经济体制若干问题的决定》,明确提出了整体推进的改革战略,其中包括要从 1994 年起建立新的政府间财政关系,用明确划分中央与地方(包括省和县)的税种和征管范围的"分税制"取代原来的财政收入分享制,以扭转中央收入占比下降的问题。1993 年 12 月 15 日,国务院颁布了《关于实行分税制财政管理体制的决定》,对分税制的方案进行了详细说明,并决定从 1994 年开始用分税制取代之前的收入分享制。

② 参见张军:《理解中国经济快速发展的机制:朱镕基可能是对的》,《比较》2012 年第 6 期。

③ 参见陈诗一、张军:《财政分析改善了地方财政支出的效率吗?》,《中国社会科学》2008 年第 4 期。

在推行分税制改革方案的同时,中央政府为补偿地方政府与中央政府之间,因地方政府相对中央政府的支出比例大幅度提高而形成的"事权"与"财权"不对等,授权或允许地方政府获得来自批租土地的收入,这就是所谓的"土地财政",成为地方政府公共储蓄的重要来源,地方政府在缺乏完善融资来源的条件下实现了资本积累。借助这些公共储蓄,地方政府通过改善地方基础设施和公共服务职能,扩大"招商引资"规模,进而扩大提升地方政府在分税制下的征收税基和地方财政收入,从这个视角考察,土地财政确是我国20世纪90年代后加速工业化的重要推动力。这种机制也印证了Rosenberg(1960)的观点,他认为,对处于发展中的欠发达经济体,资本积累不足的主要原因之一就是因土地私有制而缺乏生产性投资。就此而言,土地公有制将有助于地方政府克服公共资本形成和经济发展中面临的金融约束,为地方政府发展地方经济提供重要资金来源。

第三节　中国经济新常态:静态、动态与关系

一、关于新常态的含义和状态分析

1.新常态概念的使用范围

目前学界对新常态概念的指向对象认识并不一致。有观点认为,新常态描述的是当前中国经济、政治、社会、党建、外交等方面的综合表现[①];有观点认为,新常态也用来描述世界经济的增速和

---

① 参见施芝鸿:《适应当下中国新常态需要"新常态思维"》,《中国党政干部论坛》2014年第12期。

中国的创新创业①；多数学者认为，新常态是用来描述当前中国经济阶段性特征的专用名词。

事实上，国内学界对新常态的使用和研究，主要源自习近平2014年5月和7月两次提及这个概念，用于描述中国经济发展的阶段性特征。2016年1月习近平在省部级主要领导干部专题研讨班上提出，新常态是我国经济演进的必经过程，"十三五"时期我国经济发展的显著特征就是进入新常态，要正确使用这个概念。可见，新常态主要表现在经济领域，是对当前我国经济特征的描述。当然，有些学者将其延伸运用到政治、文化、党建、外交等领域，也有其合理性，但借用的概念内涵是不一样的，不能作概念化的泛泛而谈或将其视为一只万能筐任意填装。

2. 中国经济是否"进入"新常态

有学者认为，新常态是中国经济要努力实现的目标状态，目前中国经济尚未进入新常态②；有的认为中国经济增速已经进入"新常态"，但发展模式还处于进入"新常态"的路上③；有的认为中国经济正在向新常态转换之中④；有的认为中国经济步入了"新常态"的艰难期⑤；有的认为中国经济是否进入了新常态，需要在对

---

① 参见钱颖一：《经济新常态与创新创业新常态》，《中国党政干部论坛》2015年第11期。

② 《警惕掉入"新陷阱"——专访国务院发展研究中心资源与环境政策研究所副所长李佐军》，《南风窗》2015年第6期。

③ 参见钱颖一：《经济新常态与创新创业新常态》，《中国党政干部论坛》2015年第11期。

④ 参见王一鸣：《认清动因是主动适应新常态的前提》，《求是》2015年第1期。

⑤ 参见《中国宏观经济分析与预测》课题组：《中国宏观经济步入新常态的艰难期》，《改革内参》2015年第25期。

经济速度、结构和动力进行分析和判断基础上全面考察[①];多数学者认为中国经济整体上已经进入新常态。

　　判断这个问题,需要把握我国经济发展的历史阶段和历史方位。我们不妨将改革开放以后的中国经济划分为以下三个阶段:历史阶段Ⅰ、当前阶段Ⅱ、未来阶段Ⅲ(参见表2-4)。历史阶段Ⅰ起始于改革开放[②],截止到本次国际金融危机[③],这个阶段中国经济总体处于高速、粗放型、不可持续发展阶段,发展动力主要依靠资源和要素驱动。未来阶段Ⅲ起始于将来某个时点 T2,中国经济跨入高效、集约型、可持续发展阶段,发展动力主要依靠科技和创新驱动。由于历史阶段Ⅰ和未来阶段Ⅲ的发展模式有着本质区别,从历史阶段Ⅰ到未来阶段Ⅲ之间需要一个过渡阶段,以实现经济发展方式的根本转型,当前阶段Ⅱ就是这个转型时期和过渡阶段,目前我们正处于这个发展阶段。当前阶段Ⅱ的经济运行状态与历史阶段Ⅰ很不一样,表现出许多新的特点,其虽然处于不断变化与转型之中,但仍然遵循一定规律,具有相对稳定的状态,这个运行状态就被称为"新常态"。三个发展阶段的对比见下表:

表2-4　历史阶段Ⅰ、当前阶段Ⅱ、未来阶段Ⅲ对照表

	历史阶段Ⅰ	当前阶段Ⅱ	未来阶段Ⅲ
时间区间	[T0,T1]	[T1,T2]	[T2,T3]
增长类型	高速增长	中高速增长	高效增长

---

　　①　参见郭克莎:《准确把握速度、结构与动力转换的关系》,《求是》2005 年第 1 期。

　　②　即 T0 为 1978 年。

　　③　即 T1 为 2008 年。

续表

	历史阶段 I	当前阶段 II	未来阶段 III
发展方式	规模速度型 粗放	粗放型减弱 集约型增强	质量效率型 集约
经济结构	不合理 增量扩能为主	合理化过程中 调整存量、 做优增量并存	合理 存量好、增量优 协调
发展动力	要素驱动为主 传统增长点	要素驱动减弱 创新驱动增强	创新驱动为主 新的增长点
经济运行状态	"旧稳态" 历史稳态	"新常态" （相对稳态）	"新稳态" 未来稳态
阶段性质	低水平稳态 平衡	过渡和转型 （总体不平衡）	高水平稳态平衡

注:表中,T0 表示 1978 年改革开放。T1 表示 2008 年国际金融危机。T2 表示未来某时点。T3 表示未来时点 T2 以后的另一时点。

不难得出,目前中国经济处于当前阶段 II,其运行状态已经完全进入"新常态",并且将在未来相当长时期里处于"新常态"。

二、关于新常态的价值判断和动态分析

1. 新常态无所谓"好"与"坏"

新常态是在国内外各种复杂因素交织和综合作用下,中国经济在当前转型时期和过渡阶段呈现出的一种客观存在和实然状态。它不是一个简单的经济预设,也不应将其视为一件人为事件或结果,不管我们愿意不愿意,它就在此时此地现实地存在着,不以我们的意志为转移。因此,我们不能在主观上选择接受还是不接受这个新常态。

不能对新常态进行简单的好坏价值判断。诚然,新常态面临许多严峻挑战:从需求方面看,消费需求进入理性稳定阶段,投资

水平总体下滑,出口拉动作用明显减弱;从供给方面看,一些传统产业落后产能大量过剩,有效劳动力供给减少,要素驱动力减弱,关键领域核心领先技术缺乏;从资源配置和宏观调控看,数量和价格竞争为主的市场化资源配置力量逐步减弱,能源资源和生态环境承载力已达或接近上限,各类隐性风险显性化,需求刺激政策的边际效益明显递减;加之收入差距过大、体制机制弊端、结构性矛盾突出、国际形势不利等,形成新常态下经济下行的较大压力。但是新常态也孕育着新的机遇,既有经济减速换挡带来的结构调整机遇,又有动力转换带来的产业优化升级机遇,既有参与世界供给体系再定位的强大动力,也能产生转变经济发展方式的强大倒逼力量。因此,新常态既内含着传统发展模式的不利困境,有转型的压力和挑战的不利一面;也内含着通过主动选择供给侧结构性改革和调整,实现经济结构的优化升级和经济发展方式的转变,实现中国经济凤凰涅槃和重生的有利条件。

2. 怎么认识新常态的发展前途

新常态不是一层不变的经济稳态,要动态认识新常态。新常态所处的当前阶段Ⅱ具有多期叠加特征,既受短期波动的周期性因素影响,又受中长期发展方式转变和结构调整的趋势性因素影响,还受当前特殊的国内外政治、社会、外交等非经济因素影响,多重规律共同作用下的新常态具有复杂性和多变性。进入新常态,原有的增长动力开始减弱,新的增长动力需要时间积蓄并形成,新旧动力处于此消彼长之中。因此,在多期叠加特征和多重规律共同作用的复杂性影响下,新常态内含发展变化的不确定性和若干可能性,是稳定状态和不稳定状态的辩证统一。新常态有两种典型的可能发展前途。

一是中国经济不能顺利实现发展模式转变、结构调整和发展动力转换,掉入"中等收入陷阱",经济发展长期在低水平徘徊和挣扎。2015 年中央经济工作会议指出,由于多方面因素影响和国内外条件变化,我国经济发展还面临很多困难和挑战,面临结构性产能过剩等突出矛盾和问题,对此要有清醒的认识。有学者提出,趋势性力量与周期性力量的叠加,使中国宏观经济面临失速风险,部分区域和部分行业超预期的塌陷导致中国经济的脆弱性步入新阶段,未来有效需求不足和局部问题的恶化随时可能触及中国经济社会发展的底线。政治经济环境的变异导致传统宏观调控政策的传递机制发生变异,传统的宏观经济政策失灵问题十分严重①。中国若干重要经济指标断崖式回落。"十三五"经济发展极为错综复杂,积极因素和困难因素相互交织和较量②。"中等收入陷阱"已经成为中国经济很现实的威胁。经济发展模式从"吃资源"到"吃知识"的跃升是"惊险的一跃",如果我们不能尽快实现这个跃升,就可能掉入"中等收入陷阱"③。这里问题的关键在于,新的增长动力发挥的积极作用能否抵消旧增长动力的衰减势头,阻止宏观经济越过崩溃的临界点。

二是经济发展模式成功转型,经济结构顺利优化升级,科技和创新成为经济发展新动力,中国经济成功跨越"中等收入陷阱",进入更高层次的稳定均衡发展状态。从积极的方面看,当前我国

---

① 参见刘元春、闫衍:《中国宏观经济面临的核心问题和新风险》,《改革内参》2015 年第 26 期。

② 参见卓勇良:《"十三五"经济发展与改革》,《改革内参》2015 年第 34 期。

③ 参见《警惕掉入"新陷阱"——专访国务院发展研究中心资源与环境政策研究所副所长李佐军》,《南风窗》2015 年第 6 期。

经济发展基本面是好的,潜力大,韧性强,回旋余地大。2008 年国际金融危机以来,我国经济增速放缓,但仍处于合理区间,经济下行压力较大,但发展动力正在转化,稳增长面临短期压力,但依然保持中高速增长,发展环境错综复杂,但发展前景依然光明①。十八届三中全会以来,由于改革发展的共识已经形成,大国经济效应正在凸显,中国经济升级版正在孕育,人口和技术新红利蓄势待发,世界发展格局正在加速重构,因此中国经济面临转型发展的重大机遇②。2015 年以来,我国经济运行总体平稳,稳中有进,稳中有好,结构不断优化,新动力正在积聚,转型升级势头良好③。"十三五"及今后一个时期,我国仍处于发展的重要战略机遇期,经济发展长期向好的基本面没有变④。

在当前阶段 Ⅱ,我们不能将新常态当作慵政懒政的避风港和不作为的借口托辞,我们的使命不仅是要通过调动大众创业、万众创新的积极性,充分用好"十三五"关键时期,落实五大发展理念,主动担当作为,奋力跨过"中等收入陷阱",迈向高收入国家,踏进期望的未来阶段 Ⅲ,而且要使当前阶段 Ⅱ 和未来阶段 Ⅲ 的时间交汇点 T2 尽可能提前到来。

三、供给侧结构性改革、创新驱动与新常态

1. 新常态与供给侧结构性改革

在历史阶段 Ⅰ,我们处于全球经济大循环中的世界工厂地位,

---

① 参见马建堂:《辩证看待我国当前经济形势》,《求是》2015 年第 14 期。

② 参见刘元春等:《新常态孕育经济转型发展的重要机遇》,《求是》2005 年第 1 期。

③ 参见《人民日报》2015 年 12 月 22 日。

④ 参见新华网,2016 年 1 月 18 日。

内外需是支撑我国经济长期高增长的强大动力。我们调节经济的主要措施也是调节总需求的需求侧管理。

但是在后危机时代即当前阶段Ⅱ,经济总量已经呈现高杠杆和严重泡沫化,投资和净出口两驾马车拉动作用明显减弱,一些产业落后产能严重过剩,消费水平短时期内难有较大提升,总需求水平大幅回落,能源资源和生态环境压力很大,财政收入下降,经济风险发生概率上升,短期因素冲击影响较大,需求侧管理的财政政策、货币政策等手段作用力已经非常有限。当前我国经济问题从表面上看虽然是有效需求不足,实质是传统体制造成大量无效和低端供给,而有效和中高端供给不足,病根主要在供给侧,必须通过供给侧结构性改革而不能仅靠需求刺激来解决。从国际经验看,一个国家发展在根本上要靠供给侧推动。全球经济结构处于大调整之中,我国要占据调整后的世界供给体系的有利地位,必须从生产端入手推动科技创新,强化供给管理,促进产能过剩有效化解,促进产业优化重组,降低企业成本,发现和培育发展新动力,创造新供给,释放新需求,发展战略性新兴产业和现代服务业,增加公共产品和服务供给,提高供给结构对需求变化的适应性和灵活性,解决我国经济供给侧存在的问题。供给侧结构性改革的重点是解放和发展社会生产力,用改革的办法推进结构调整,优化要素资源配置,提高全要素生产率。当然供给侧结构性改革涉及经济社会的方方面面,必然是一项长期而艰巨的任务。

虽然对短期经济调节的有效手段主要在需求侧(D)的消费、投资、净出口等,决定中长期经济发展水平的因素主要在供给侧(S),但短期的需求管理与长期的供给管理之间有密切联系,表现

为 $S=F(D)$ 和 $D=F'(S)$①，也就是说，新需求能够催生新供给，新供给也能创造新需求。所以，在着眼于长期供给侧管理的同时，也不能忽视需求侧管理，保证经济运行稳定在可承受的合理区间。要在传统调控手段发挥作用的途径、方式和空间上创造性地寻求新路子，为长期经济结构调整和转变发展方式赢得时间和基础。

2. 新常态与创新驱动发展

一是新常态迫切需要创新驱动，特别需要内生的创新驱动力。进入新常态，总需求、总供给和资源配置等方面问题和压力纷纷出现，中国经济面临许多现实困难，如果不加以应对，宏观经济会在后危机时代步入长期衰退通道。如果延续传统的需求侧管理，进行积极的财政和货币政策干预，虽然可以解燃眉之急，但也只能是饮鸩止渴，掩盖和累积更加严重的问题。如果任由市场自由运行，这个过程不仅漫长而且风险更大。因此，新常态倒逼的唯一正确出路就是着重从供给侧入手，走一条改革创新之路，实现从要素驱动向创新驱动的转变，创新驱动发展战略是新常态的内在必须和迫切需要。虽然过去科技创新对经济增长也曾产生一定驱动作用，但很大程度上是外生的，因为创新的先进技术大都是引进和模仿的，创新的先进产业大都是加工代工型的，这种模式的技术创新基本属于国外创新技术对我国的扩散，创新的源头在国外。十八大提出的经济增长更多依靠科技进步、劳动者素质提高和管理创新驱动，本质上需要依靠内生性的创新驱动，让知识资本和人力资本推动的科技创新越来越多的内化于物质资本之中②。创新驱动特别是自主科技

---

① 此处，F′为函数 F 的逆函数。

② 洪银兴:《建设和完善国家创新体系》,《中国党政干部论坛》2015 年第 8 期。

创新驱动,有利于提高物质资源的生产率从而节省和替代资源投入,有利于发展绿色技术实现绿色低碳生产从而保护环境和生态平衡,有利于由劳动、资源、环境等比较优势转向品牌、质量、服务等为核心的竞争优势,导致新常态中积极因素的不断累积,使新常态扩容、提质、增效和可持续,为实现发展方式的根本转型打下坚实基础。

二是主动适应和引领新常态,为创新驱动发展战略的实施创造有利条件。正确认识和适应新常态,通过主动的政策选择和调整,为创新营造良好的基础、条件、环境和激励,立足于自主创新,依靠原始创新和引进技术的再创新,形成具有自主知识产权的关键技术和核心技术,推进以创新驱动发展战略引领经济发展新常态,能够促进创新这个经济发展的驱动力要素由外生动力更快地转为内生动力,有利于积极转方式、调结构,改变创新驱动发展战略实施的既有条件和运行轨迹,导致创新驱动战略的实施加快提速和提质增效。主动适应新常态,主动改善和引领新常态,化不利为更多有利,就是为创新驱动赢得更多红利。同时,新常态下的巨大市场和发展潜力,超强的弹性和韧性,广阔的回旋余地,也为创新驱动发展战略的实施赢得了宝贵的时间和充分的空间。

第四节　中国经济新常态:速度、结构与动力

一、产业结构、要素回报率和资源环境约束

1. 产业结构演进、结构性增速与结构性减速

由配第—克拉克定理、库兹涅茨法则、霍夫曼定理、钱纳里

"标准结构"等产业结构演变理论可知,一个经济体从较不发达向较发达的经济发展过程中,普遍存在着:在产业演进中,由第一产业到第二产业再到第三产业逐步成为基础和主导产业。在产值结构和劳动力结构上,农业产值和农业劳动力占比逐步下降,工业和服务业依次逐步上升。无论是三次产业之间的产业发展阶段演进规律、主导产业转换规律、劳动力转移规律、比较劳动生产率演进规律,还是一、二、三次产业内部演进规律,都普遍表明,在一个经济体经济增长过程中,第一、第二、第三产业之间和一、二、三次产业内部的比例关系变化具有一定的规律性,即产业结构从低级向高级演变、从不合理向合理变化。

新中国成立初期,我国是典型的农业大国,此后的一段时期内,为了实现赶超,选择了重工业优先发展战略,致使期间的全要素生产率长期维持在零及以下,[①]较严重地阻碍和限制了劳动生产率的提高以及轻工业发展。而且,直到改革开放初期,以农业为代表的第一产业依然是国家的基础产业和主导产业。随着改革开放的不断推进,我国工业化步伐不断加快,第二产业所占比重稳步提升和不断发展壮大,大量劳动人口从劳动生产率较低的第一产业转移到劳动生产率较高的、以制造业为代表的第二产业,从而带来劳动生产率的整体提高,形成改革开放以来前 30 年发生的"结构性增速"。由图 2-1 可知,1978 年以后,第二产业始终是占比最高的产业类型,其增速相对平稳,有时也稳中有降(2011—2013年)。在 2008 年之前,第一产业占比以较快的速度持续下降,直至

---

① 参见林毅夫:《解读中国经济》(增订版),北京大学出版社 2015 年版,第100 页。

维持在 10%的比重,其后基本保持不变。这正好佐证了在此期间的
结构性增速。与此同时,第三产业占比自改革开放以来较为平稳地
上升。2002 年其占比开始达到 40%,其后与第二产业占比的差距逐
渐缩小;直到 2012 年,第三产业占比超过第二产业,成为占比最高
的产业类型。正是在此期间,我国出现所谓的"结构性减速"。

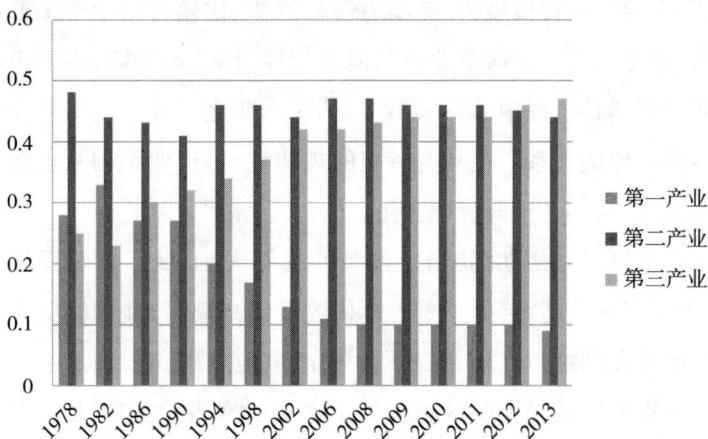

图 2-1 1978—2013 年第一产业、第二产业与第三产业占比演进

总而言之,新中国经济经过六十多年特别是改革开放后 30 多
年的发展,整体经济规模居世界第二位,成为名副其实的世界工
厂。在现有整体的技术水平和劳动力成本下,我国以制造业为主
的第二产业已日渐饱和,大量人口和资源已经或正在向以服务业
为主的第三产业转移。在第三产业劳动生产率约为第二产业劳动
生产率70%[1]的情况下,这种转移带来的是整体劳动生产率的下

---

[1] 参见《劳动生产率增速持续下降　第三产业生产效率亟待提升》,
http://business.sohu.com/20160302/n439086186.shtml。

降,使经济整体增速呈现下行趋势。这种结构性减速在发达国家经济转型时也普遍出现,其主要原因还是服务业劳动生产率总体平均水平低于制造业。与此同时,由于服务业中许多行业产品的不可贸易性,国内服务业部门难以面临国际竞争压力,致使其劳动生产率提高相对较慢,从而导致国内服务业部门的生产效率相对低下,且其与制造业相比生产效率提升更为缓慢。在我国今后相当长一段时期内,只要服务业部门与制造业部门的生产效率落差不出现明显回升而维持相对稳定,那么随着第三产业整体规模及其占比的逐渐增加,经济增速下行的趋势亦将难以逆转。

2. 新一轮经济改革的结构性特征

供给侧结构性改革的出发点在供给侧,即通过矫正要素配置的扭曲,提高供给质量,扩大有效供给。供给侧结构性改革的重点是结构调整,提高供给结构对需求变化的适应性和灵活性。改革本质上是要提高全要素生产率和社会生产力水平,最终目标是更好满足广大人民群众的需要,实现以人民为中心的经济社会持续健康的发展。

结构性改革的深层本质是调整生产力结构。马克思主义经济理论认为,在社会经济系统中,生产力和生产关系是一对基本矛盾。对社会经济系统的结构性改革,最深刻的层次就在于调整生产力结构。生产力结构在经济结构中起决定性主导作用,它内含技术结构、产业结构、区域经济结构等既互相促进也互相制约的若干组成部分,其中产业结构和技术结构是决定生产力结构性质和状况的基础,技术结构的根本性变化发挥主导性作用。因此,创新尤其是技术创新对促进生产力发展起着根本的决定作用。这也是为什么党的十八届五中全会提出的五大理念之首即为创新的深层原因。创新驱动发展战略对供给侧结构性改革起着决定性作用。

结构性改革的社会本质是调整所有制结构。对社会经济系统的结构性改革，必须要涉及生产关系结构的调整，而生产关系结构中，最根本的是生产资料所有制结构。社会主义初级阶段，由生产力发展状况决定，我国的生产资料所有制结构必然是以公有制为主体，多种所有制经济共同发展，这是社会主义初级阶段的基本经济制度特征。十八届三中全会以来，关于积极发展混合所有制经济、允许更多国有经济和其他所有制经济发展成为混合所有制经济的所有制结构改革新方向。供给侧结构性改革必然带来生产资料所有制结构的新变化和新要素。

结构性改革的利益关系体现在分配结构调整。社会经济系统结构性改革涉及生产关系结构的调整，也必然影响到分配结构。落实按劳分配主体地位的社会主义分配原则，需要落实"初次分配和再分配都要处理好效率和公平的关系，再分配更加注重公平"的精神。初次分配重视公平，就要落实好两个提高：提高居民收入在国民收入分配中的比重，提高劳动报酬在初次分配中的比重。"再分配更加注重公平"，在落实中就是要充分利用税收等二次分配手段，调节过高收入，扩大中等收入阶层比例，提高低收入者收入，提高扶贫标准和最低工资标准以及各项社会保障资金需要。收入分配改革牵动人心，关系长远。十八届三中全会提出的形成合理的收入分配格局，五中全会提出的实现共享发展的理念，正是对分配结构调整提出了新的更高和更迫切的要求。

结构性改革的动因源自需求结构的深刻变化。需求结构即购买力结构，一般指社会总有效购买力在消费、投资、净出口等方面的分配比例。中国经济发展新常态的需求方面特征主要是需求的结构性变化,表现为消费需求中的个性化、多样化消费渐成主流,基础设施互联互通和一些新技术、新产品、新业态、新商业模式的投资机会大量涌现,出口和国际收支方面的低成本比较优势发生逆转,高水平引进来、大规模走出去在同步发生。需求结构由个人偏好和国家政策导向共同决定。因此,引导人们确立正确的个人消费观念,制定科学、稳定、连续的经济政策,是建立合理的需求结构的关键。

结构性改革的着力点是调整供给结构。中国经济发展新常态的供给方面特征主要是供给的结构性变化,表现为传统产业落后产能大量过剩,劳动力人口的数量红利开始消失,环境的约束在强化,产业结构必须优化升级。供给与需求在结构上的失衡,主要指供给结构与需求结构不平衡。原因可能是供给结构变动滞后,使供给结构不能适应需求结构,也可能是需求结构的超常变动,或者是供给与需求的调节机制不健全。当然,现实经济运行中,由于供给结构和需求结构的形成机制和演变过程往往不对称,一定程度的结构失衡不可避免。但关键要进行适时调节,避免结构性矛盾累积。中央作出的推动供给侧结构性改革,正是要着力改善供给结构和供给体系的效率和质量,以适应需求结构的变化。

3. 资本回报率下降、人口红利式微和资源能源环境约束

从计划经济体制向社会主义市场经济体制的转型,我国资源(包含资本)配置效率得到大幅度提升,形成资源配置机制改革的"红利"。同时,由于市场化配置资源方式在全国资金(资本)供求中还不够全面和充分,当前我国资本回报率正逐渐步入下行通道。2008 年,我国资本回报率高达 21.11%,是改革开放以来的最高

值;2013年,资本回报率却降至12.36%。① 原因可能有以下几个
方面。其一,相对于我国现有的人力资本和技术水平,资本积累存
量过高,相应降低了资本的边际回报。在此情况下,高投资并非因
资本回报率较高而是因投资的低成本所致,这也是经济赶超战略
下的典型特征。其二,资本配置渠道不畅的制度性因素,如金融抑
制、利率市场化不够等,使得资本的边际产出偏低、资本投资效率
偏低。其三,生产性资本占比较高却难以形成有效的生产能力,降
低了资本的边际产出水平,如比较典型的房地产业投资。②

　　所谓人口红利(Demographic dividend),是指由于劳动人口在
总人口中的比例上升,而带来的提升经济增长的效应。劳动人口
占比的上升会提升经济的总劳动供给,加强人力资本,提高储蓄
率,最终促进经济增长。从经济发展史看,人口红利经常可以持续
20—30年时间。我国改革开放后的前30年,每年有数以千万计
的劳动力从闲置半闲置状态转移到第二产业中来,支撑了我国经
济高速增长。随着传统意义上的人口红利行将终结,制造业单位
劳动力成本也将逐渐上升。2004—2010年,我国制造业单位劳动
力成本上升了约16.9%。同期,德国上升4.4%,韩国上升4.8%,
美国和日本甚至分别下降4.6%和3.7%。③ 由于我国单位劳动力
成本增速较快,原本相对于欧美发达地区的人口红利这一比较优
势逐渐趋于下降。随着我国劳动力成本的上升,诸如印度、越南、

　　① 参见白恩重、张琼:《中国经济减速的生产率解释》,《比较》2014年第
4期。
　　② 参见李扬、张晓晶:《论新常态》,人民出版社2015年版,第105—106页。
　　③ 参见李扬等:《当前和未来五年中国宏观经济形势及对策分析》,《财贸经
济》2013年第1期。

印度尼西亚等发展中国家正积极承接中低端产业转移,与我国形成激烈竞争。逐渐退出低端产业链,是我国经济发展方式转型的必然选择和现实结果,这在一定程度上抑制了我国相关产业的发展空间和后发优势。1978年3月,计划生育以法律形式第一次载入《中华人民共和国宪法》。这标志着我国计划生育政策正式实施,同时也使得改革开放前后我国先后经历两种完全不同的生育模式,主要表现为,前30年生育率极高,后30年生育率骤降。在此情况下,我国劳动年龄人口占比将自2010年持续下滑直至2020年以后。更严峻的是,这种台阶式下降造成了我国劳动人口的"排浪式"变化,缺乏阶段性的平台期缓冲,将会因劳动力供给不足而给我国经济增长带来不利影响。

随着经济规模跃居世界第二,作为世界工厂,我国成为世界上绝大多数主要工业制成品和初级加工品的加工区和集散地。由于粗放型增长模式和处于价值链相对低端,我国所消费的原油、煤炭、钢铁等绝对规模和总量占比均大幅提升,形成了对相关匮乏性能源产品的高度依赖。以煤为例,2012年,我国能源消费量36.2亿吨标准煤,占世界消费总量的20%。[1] 在经济快速发展中,主观上对资源和环境保护的重视程度不够,客观上造成生态环境的严重污染和破坏。我国每吨煤环境外部成本为204.76元,相当于当年煤炭价格的28%。[2] 与此同时,伴随着煤炭燃烧过程中污染气体所导致的公众健康损失、矿区职工健康损

---

[1] 参见《2012我国能源消费总量为36.2亿吨标准煤》,http://news.lmjx.net/2013/201302/2013022508584949.shtml。

[2] 参见环保部环境规划研究院:《煤炭环境外部成本核算及内部化方案研究》2014年7月10日。

失最大,分别高达 2117 亿元、934 亿元,约占总外部成本的 55%。①
遗憾的是,我国又是典型的"多煤少油"国家,其能源消费严重依
赖煤炭燃料。2015 年,在我国能源消费结构中,煤炭占 64.92%、
石油占 16.8%、水能占 7.1%、天然气占 6.45%、非化石能源占
11.82%。② 这表明,煤炭占比过高可能是环境污染的主要原因,
成为我国生态环境压力的重要来源。由于我国技术水平相对较
低,对环境污染缺乏足够重视,使得我国单位 GDP 能耗长期远高
于世界平均水平。随着我国 GDP 规模的进一步增大,如果技术水
平不能有效改进,必将面临更大的污染,对原本形势严峻的生态环
境造成更大的压力。总而言之,经过改革开放以来的发展,我国生
态环境已经面临巨大压力,逐渐难以承载传统粗放型的增长模式,
迫使我国对一些高耗能、高污染的行业进行淘汰或转移,从而对经
济增长带来一定的影响。

二、基于投资的赶超战略、基于创新的增长战略与经济转型

1. 基于投资的赶超战略

美国经济史学家亚历山大·格申克龙 1962 年在其著作《经济
落后的历史回顾》中提出了后发优势论,后经美国社会学家 M·
列维从现代化角度将该理论具体化。其核心内容指:由于发展中
国家技术发展水平、产业结构合理化程度、收入水平等与发达国家

---

① 参见李禾:《我国煤炭环境外部成本巨大》,http://www.zgkyb.com/yw/
20140715 55 20.htm。
② 参见刘世锦:《中国经济增长十年展望(2015—2024)》,中信出版集团
2015 年版,第 297 页。

存在一定差距,发展中国家可以通过引进模仿国外先进技术、管理再加以改良来加速其技术变迁,缩小与发达国家的技术、管理差距,并实现经济的快速发展,而不需要支付发达国家过高的技术创新成本、不需要重复发达国家走过的技术进步过程中的弯路,这就形成因"后发"而具有的"优势"。二战后在日本、亚洲"四小龙"等出现的"东亚奇迹",在短短的数十年内完成欧美等发达国家近百年的工业化进程,以及 1978 年我国改革开放后的经济快速发展,主要是充分利用了"后发优势",通过引进国外技术、管理经验实现技术和经济双重赶超的结果。

亚历山大·格申克龙还提出后发的发展中国家相对于发达国家的一些规律性特征,如:经济通常在制造业的大规模投资和高速成长中实现井喷式启动,工业化进程中比较强调大工厂、大企业的重要性,强调生产资料生产的优先性,注重通过政府干预方式大力筹集工业化资本等。归结起来就是,后发的发展中国家利用"后发优势"发起对发达国家赶超的过程,通常伴随着投资的快速大规模增长,而且带有较明显的政府干预性质。这在日本、韩国、中国台湾和中国大陆都普遍存在。阿姆斯登(Amsden,1991)在研究韩国的经济发展时甚至强调,在东亚经济体的工业化进程中,政府干预不仅非常重要而且不可或缺。伍晓鹰(2014)指出,后发国家发起赶超时大规模投资过程中的政府干预,本质上就是通过或明或暗的补贴对赶超产业或企业予以扶持,帮助其建立、加强或保持国际贸易或国际竞争的成本优势。①

---

① 参见伍晓鹰:《测算和解读中国工业的全要素生产率》,《比较》2014 年第 4 期。

在全球市场分工体系中,对于规模较大的经济体而言,如果国家经济生活和国防安全中所需的关键技术、主要资本品和必需消费品高度依靠国外市场,不仅经济上容易受到制约,在政治上也较为危险。因此,对于经济较为落后的大国经济体,进行政府干预下的集中大规模投资以启动经济赶超进程,是其实现经济长期稳定增长、提升国家综合实力的必要和必然的选择。

在大规模集中投资中的政府干预既有其内在必要性,也有其特别的优势。在经济发展的起步阶段,重工业投资规模巨大、投资回报周期较长、投资不确定性比较大、具有较明显的外部性,使得私有资本相对缺乏介入重工业发展的内在动力,导致重工业发展面临巨大的融资压力,这种情况下的政府干预就变得必不可少。同时,更多的资源和更大的潜在市场,也能激发政府干预的积极性,通过利用政府信用、发挥政府集中力量办大事的优势,改善基础设施和公共服务环境,吸引外商直接投资和国内私有资本投资,弥补因"后发"而在市场环境、法律体系、融资渠道等方面相对落后的劣势,加速对发达经济体的赶超。加之,由于规模经济效应,重工业发展的初始成本相对较小,有利于国家快速发展重工业和建立较为完整的工业体系。

2. 基于创新的增长战略

政府干预作为后发条件下基于投资赶超战略的必然选择,也将产生一定后果。作为非市场化的经济参与者,政府本身存在多重目标,某些目标之间存在相互冲突或干扰,因而会降低政府干预的实际效果,也在某种程度上影响全要素生产率的良性发展。

政府出于保护自身利益和赶超战略的需要,往往坚持对"战略部门"或"国民经济命脉产业"的扶持。在此过程中,一方面,政府需要一个不断提高收入能力的下游部门,以支持对战略性的上游部门的补贴。另一方面,为了维护下游部门的竞争性和竞争力,政府也需要保证上游部门以补贴的方式对下游部门提供支持。这就形成所谓的"交叉补贴"现象。①

可见,只有保障处于下游的成品及半成品部门强劲的增长和持续的劳动生产率改善,不断提高其创造收入的能力,才能维持"交叉补贴"中的循环。如果出现成品及半成品部门的 TFP 增速放缓,就需要让该部门的产出增长得更快,以弥补因 TFP 走低而引起的收入下降,这就意味着,政府要投入更高的成本补贴,以维持成品及半成品部门的产出增长和竞争优势。

在我国,由于起点的经济发展水平非常低,发挥"后发优势"时的技术学习效率比较高。此时,政府投入具有较高的边际效率,尚足以维持"交叉补贴"循环。随着我国逐渐发展成为世界第二大经济体,加之本身是典型的大国经济,政府"交叉补贴"投入的边际效率难以长期维持原有水平,会逐渐趋于下降最终产生低效率,从而抑制经济增长中全要素生产率的改善,再加上下游的成品及半成品部门经济效率及产出难以持续提升,必然迫使原有的"交叉补贴"模式难以为继,从而使得原有的基于大规模集中投资的赶超战略遭遇瓶颈,传统的经济增长模式暴露出了自身的局限性。正如安格鲁莫等(Acemoglu et al.)所指出的,随着国家技术水平较世界前沿技术差距逐渐缩小,要想继续维持原有的甚至追求

---

① 参见伍晓鹰:《测算和解读中国工业的全要素生产率》,《比较》2013 年第 6 期。

更高的经济增速,就必须转而求助于自身的创新水平。对其中涉及的技术进步,需要国家向自主创新转型,由此形成所谓基于创新的增长战略(Innovation-based Strategy)。[1]

3.经济发展方式的转型

在新中国经济增长史中有一个现象有点令人费解,即:20世纪五六十年代,中国以相当于印度68%的初始人均收入水平,却实现了同期印度2.5倍的人均GDP增长率水平。另一个现象同样令人费解,即:阿尔巴尼亚和保加利亚对应时期的人均收入约为中国的3.5倍和6.5倍,但这两个国家同期人均GDP年均增长率都仅为中国的78%。[2] 由于阿尔巴尼亚和保加利亚是与中国经济结构类似且同样对农业经济较为倚重的东欧社会主义国家,所以,并不能将结果归因于新中国社会主义计划经济体制的资源动员能力。

在有条件排除"统计数据失真"和"新古典经济学的趋同理论"解释后,伍晓鹰(2013)从中国近代百年以来的历史溯源中给出了一个独特的新视角,即:中国经济增长初始阶段的存量资本及作用被忽视了。并进一步提出,如果将以上存量资本作为改革开放前30年的起飞基础,更加有利于理解中国持续数十年的超高速经济增长。

2009年中国国内生产总值达到35万亿元,一举超过日本成

---

① 参见Acemooglu et al.2002:"Reversal of Fortune:Geography and Institutions in the Making of the Modern World Income Distribution", Quarterly Journal of Economics 117,1231-1294。

② 参见伍晓鹰:《测算和解读中国工业的全要素生产率》,《比较》2013年第6期。

为仅次于美国的第二大经济体,同时,中国也正处于从产业链低端向产业链中高端转型升级的阶段,难以避免两线作战的境况,这些都注定了中国经济增长必将面对越来越大的国际竞争压力。虽然适用于小国的出口导向战略,在韩国、新加坡、中国台湾等经济体可以走得很远,不会对全球经济造成太大影响,也不会带来过大的国际经济摩擦或冲突,但对中国这样的大国而言,国内生产总值每增加一个百分点,就相当于韩国国内生产总值增加 9 个百分点、日本国内生产总值增加 2 个百分点,必然在相当程度上挤压了其他国家的经济发展空间①。与改革开放前相比,当下中国发展的诸多初始条件已经发生根本性变化,其中最重要的、也大大不同于其他绝大多数东亚地区经济体的特征就是大国经济规模。与韩国、新加坡、中国台湾等经济体相比,中国是一个超大规模的经济体。对大国经济而言,面临经济转型压力的形势就更为紧迫,需求就更为迫切。

因而,在缺乏持续存量资本投入的情况下,传统的赶超型经济增长已经接近极限,在中国经济进入新常态后,原有传统的低效率增长已经很难再有足够动力推动经济长期健康稳定发展,需要经济发展方式的彻底转型。

三、创新驱动引领新常态

1.有关理论分析

适应和引领新常态要采取有针对性的政策措施,这依赖于

---

① 2015 年,中国国民生产总值为 10.39 万亿美元,约为韩国 1.2 万亿美元的 9 倍、日本 4.8 万亿美元的 2 倍。

科学理论的指导。任何理论既有其相对合理性，也有其适用条件。

以凯恩斯主义为代表的西方主流宏观经济学理论在以下两点有基本共识：在短期，总需求能够影响总产出；在长期，总产出不受总需求扰动，而是稳定在由自然失业率、资本存量和技术状态决定的自然水平上①。因而，其应对经济运行波动的主要办法是调节总需求的需求管理政策。西方主流宏观经济学理论的共同错误在于：一是侧重对经济不能实现充分就业均衡的短期静态分析，虽然对长期动态分析也有所涉及，但很少有相应的政策措施。二是将宏观经济运行问题归于流通领域，不涉及生产领域，因而其政策着力于流通领域的需求管理，是一种治标之策，不能彻底解决深层次的根本问题。

马克思主义经济学不但关注流通领域，更重视生产领域，不但研究当前经济现象，更从生产力和生产关系的矛盾运动中动态把握长期经济运行的规律，指出资本主义经济不可调和的基本矛盾，提出解决社会主义经济运行问题的治本之策。

稳定是经济发展的首位目标。导致经济发展不稳定的波动，既可能来自总需求冲击，也可能来自总供给冲击。调节经济的政策措施相应地归为两大类，即注重调节总需求的需求侧管理和注重调节总供给的供给侧管理。两类政策措施比较见表2-5。

---

① 参见高鸿业：《西方经济学》，中国人民大学出版社2005年版，第751—761页。

表 2-5　供给管理和需求管理的若干比较

	供给侧管理	需求侧管理
调节对象	总供给	总需求
调节结果	结构、质量	数量、规模
作用周期	中长期	短期
主要调节因素	劳动力、资本存量、科技、生产力	消费、投资、净出口
主要政策	科技政策、产业政策等	财政政策、货币政策、税收政策等
主要作用领域	生产领域	流通领域
主要作用效果	治本	治标
状态特征	动态	静态
因素性质	趋势性因素	周期性因素
当前供求矛盾的双方	矛盾的主要方面	矛盾的次要方面
理论依据	马克思主义经济学	西方主流宏观经济学

经济政策以需求侧还是以供给侧为重点,要依据一国宏观经济形势作出抉择。并且,两者不应非此即彼而要相互配合、协调推进。

在历史阶段Ⅰ,我国经济总体处于短缺时代,经济发展中的主要矛盾是总需求特别是有效需求不足,对经济运行的主要扰动和冲击来自总需求方面。因而,对我国经济发展大起大落进行调节的主要措施是需求侧管理,通过财政政策、货币政策等熨平总需求的大幅波动,实现总需求和总供给的相对平衡。

在当前阶段Ⅱ,我国经济发展在面上已经转入过剩时代,供给问题是供求矛盾双方的主要方面,经济发展中的主要矛盾是科技创新不足,供给结构不能适应需求结构的变化。结构性因素和经济发展方式的转变具有根本性和决定性。同时还面临国内需求和国外需求急剧收缩挤压的复杂困境。这不是需求侧管理政策能够彻底解决甚至有效解决的,必须将政策着力点转移到供给侧结构性改革上来,特别是从科技和管理创新中寻求新突破,以引领经济发展新常态。

供给侧结构性改革完全不同于对市场顶礼膜拜、片面强调供给而忽视需求管理、以减税政策为利器的、属于新自由主义阵营的西方供给学派。供给侧结构性改革既强调改善供给也重视改善需求,既着眼当前和短期均衡更立足长远和重视中长期发展,既关注数量和规模更重视结构和效益,既发挥市场在资源配置中的决定性作用也重视更好发挥政府作用,既突出解放和发展生产力也注重完善生产关系,努力将经济发展的驱动力从要素驱动转变为主要靠创新驱动,是有中国特色的适合中国新常态的马克思主义政治经济学的新发展。实现新常态下中国经济短期稳定和长期发展,解决周期性因素、趋势性因素和非经济因素多重叠加影响的最佳政策选择,无疑是供给侧结构性改革。

2. 创新驱动引领新常态

马克思主义经济学和西方经济学都对经济发展的驱动力进行了广泛研究。虽然驱动经济发展的动力有消费、投资、净出口、劳动投入量、资本存量、科技、创新等,但创新得到越来越多的重视。经济史研究者认为,科技和创新作为促进经济持续增长并不断提高人民生活水平的主要因素似乎是毫无疑问的。越来越多的人赞同技术创新与组织创新是推动经济长期持续增长的重要因素①。

----

① 参见[法]詹·法格博格、戴维·莫利、理查德·纳尔逊:《牛津创新手册》,知识产权出版社 2009 年版,第 477—478 页。

新古典增长理论的结论是,技术创新可以解释人均产出的长期增长。内生增长理论更将外生的技术创新内生化,深化了对技术创新促进经济增长过程的认识。经济增长因素理论将科技进步和创新作为现代经济增长的重要源泉。经济成长阶段理论认为,科技创新是经济增长的根本原因,发展中国家经济"起飞"的实质就是科技创新成果在整个经济中的扩散。马克思主义经济学认为,科技是生产力,而且是重要的生产力,在现代社会中,科技更成为了第一生产力。科技创新无疑是科技领域最生生不息的核心引领力量。

当今世界的发展越来越多地依赖理论、制度、科技、文化等的创新,国际竞争新优势也越来越体现在创新能力上。新常态下,我国经济的总量与结构问题交织,需求与供给问题并存,短期需求侧管理难度持续加大,传统增长动力在减弱,新的动力有待积蓄,解决新旧动力转换中的难题,必须依靠创新。创新位处我国"十三五"规划中五大发展理念之首位,成为我国经济发展的主要驱动力,是我国新常态下经济发展的"火车头"和"牛鼻子"。

创新本质上是一个复杂的社会系统工程,包括所有能够影响创新的开发、扩散和使用的重要的经济、社会、政治、组织、制度因素及其他因素,既包含技术创新,也需要制度、文化、理论和商业模式等多种软实力互动,更需要政府、企业、研究机构、中介机构和金融机构等社会主体的积极参与。创新过程不仅仅受创新系统各组成要素的影响,而且受这些要素之间双向反馈机制的影响①。创

---

① 参见[法]詹·法格博格、戴维·莫利、理查德·纳尔逊:《牛津创新手册》,知识产权出版社 2009 年版,第 180—204 页。

新驱动发展要求发挥市场在资源配置中的决定性作用和更好发挥政府作用。美国硅谷的成功,除了斯坦福大学和风险投资外,政府的积极有效作用不容忽视。政府要在创新规划、制度创新、平台建设等方面做创新驱动发展的积极组织者、推动者和引领者。

如何适应和引领新常态,使经济发展成功跨越"中等收入陷阱",顺利实现转方式、调结构、提质增效,是当前中国经济面临的最大任务。

正是因为中国经济依然面对掉入"中等收入陷阱"的风险,所以我们才要在思想上适应新常态,既不盲目乐观,又要高瞻远瞩,充满自信和定力,抓住创新驱动这个"牛鼻子",趋利避害,更好引领新常态,成功跨过"中等收入陷阱",尽快迈进预期中的未来阶段Ⅲ。

从近期看,要以时不我待的紧迫感,实施创新驱动发展战略。放眼全球科技发展形势和趋势,谋求科学发明和技术发现新突破,用创新实现经济发展中生产要素投入的效率,实现全要素生产率的提升,为创新驱动发展打下坚实基础。要从科技与制度相互作用中,把握制度创新的重要性,在全方位改革中,实现制度创新和突破,为经济发展注入制度正反馈机制,实现制度创新与科技创新的良性互动。

从中长期看,要整合创新驱动发展战略的企业、政府、市场、社会等各大要素,搭建创新驱动发展战略的大平台,激活各大要素活力,形成各要素良性互动的模式,夯实科技创新和企业创新两大核心要素。要完善和创设创新驱动发展战略的体制机制,为创新驱动发展战略营造包容和政策支持等有利条件。要敏锐把握世界新一轮科技和产业革命大趋势,积蓄人才、专利、标准等战略性创新资源,改变核心和关键技术受制于人的不利局面,增强自主创新能力,以全球视野超前谋划和引领创新新潮流,实现引领型发展。

第三章　中国经济转型的
潜力和创新驱动

第一节　中国经济转型的自身潜力

一、地区差异、大国经济的"雁行模式"与经济转型

我国幅员辽阔,发展基础和资源分布不均衡,不同地区间的发展速度差异也较大,30多年的改革开放使不同地区间形成经济发展水平上的一定差距。就人均 GDP 和人均资本存量而言,2014年,东部沿海地区 11 个省区市较中西部地区 20 个省区市高出近1 倍。[①] 也就是说,假设人口数量变化忽略不计,假定中西部地区以 10%、东部地区以 5%的人均 GDP 年均增长率增长,大概需要到2030 年中西部地区才能赶上东部地区的人均 GDP 水平。

任何经济发展战略和模式的选择都离不开当时经济发展客观的前提和基础条件。如果说改革开放初全国范围普遍采取的追赶型经济增长战略,是当时各地经济发展前提和基础条件下的必然

① 参见张军:《中国经济还能再增长多久?》,《文汇报》2012 年 4 月 16 日。

选择,那么,30多年改革开放后的中国各地经济发展的前提和基础条件发生了不一样的变化,形成了以当前各地区经济发展水平为基础的、经济发展的条件高度分化型的经济发展新起点。如:东部地区在将第二产业向中西部地区转移过程中,逐渐提高了第三产业的产业附加值、竞争力和劳动生产率,甚至利用人力资本存量优势和体制机制优势,向自主创新和世界前沿发起冲击,由此实现了经济增长和发展向"自主创新战略"的转型。不难发现,服务业在东部沿海地区的发展势头非常好,其中突出表现的就是原本占比较低的生产性服务业、现代信息和金融业以及相当数量成长迅速的创新型企业等,逐渐成为经济增长和发展的重要动力,在东部地区某些主要城市已经取代制造业成为支撑经济增长和发展的重要力量。中西部地区在承接第二产业转移过程中,不断培育和推进市场化改革,完善政府运作机制,提升人均资本存量,相对于东部地区总体上依然处于充分发挥好"追赶型战略"的发展阶段。当然,在东部地区和中西部地区内部次区域和各地区之间,同样存在着这种类似的发展阶段上的差异和协调。这种在一个大国内的不同地区或区域之间逐次承接和转移有关产业的发展模式,也被称为大国经济的"雁行模式"。

作为经济增长和发展模式转型的缓冲,中国经济内部的"雁行模式"为其经济增长和发展模式多元化提供了有利条件。一方面,随着第二产业从东部地区向中西部地区转移,中西部地区继续演绎"追赶型战略",不断承接和培育经济新常态下的增长引擎。另一方面,东部地区利用既有的人力资本存量优势、体制机制优势等,继续向自主创新和世界前沿发起不断冲击,实现经济增长和发展向"自主创新战略"的深度转型,保持中国经济增长和发展中的

"龙头"地位。事实上,随着资本、劳动力等生产要素的跨地区流动,原本扎根于"长三角""珠三角"地区的不少产业或企业及其部门正逐渐向中西部地区迁移,东部地区和中西部地区内的不同地方和区域之间也出现类似的有序迁移,形成具有"雁行模式"形态特点的国内产业协调分工现象和产业结构变动转移规律。

二、劳动人口、"二次人口红利"与人均资本存量

1. 劳动人口数量、劳动人口质量与人力资本

马克思主义经济理论认为,劳动力即劳动人口,是"潜在的劳动";劳动是劳动力的现实使用,是"活劳动"。劳动力是生产力诸要素中的主体要素,劳动力或劳动的投入是影响经济增长的重要因素之一。劳动投入量的大小,取决于劳动人口的数量和劳动人口工作时间的利用状况。也就是说,单从劳动供给角度看,经济增长率既取决于劳动人口数量的增长率,也取决于劳动生产率的增长率。如果劳动生产率设为一定,则经济增长率在很大程度上将直接地决定于劳动人口投入增量的大小。1978 年改革开放以来,随着工业化不断推进,我国每年有数以千万计的、处于闲置或半闲置状态的农业劳动人口从农业领域转而投入到工业制造业中来,形成我国经济持续高速或超高速增长的重要支撑力。中国经济在增长和发展中享受着丰富的"人口红利"。

随着中国经济的不断成长和人们生活水平的不断提高,生产要素成本包括劳动力成本也在随之上升,日益成为传统粗放型经济增长和发展模式的不利条件。不少学者指出,"十三五"期间,伴随着中国人口年龄结构的改变或劳动人口数量的逐渐减少,原本具有劳动力成本比较优势的"人口红利"逐渐消失,必然要影响

下一轮中国经济增长和发展的速度。不过,在"追赶型"战略下的劳动密集型产业,基于劳动人口的成本考虑,当然是以劳动人口数量为主要考量指标,其基数越大越有利于这类产业发展。然而,随着经济结构的转型和产业不断优化升级,经济结构将逐渐由传统的以劳动密集型产业为主转向以资本和技术密集型产业发展为主,使得劳动人口质量逐渐成为经济增长和发展的更为重要的影响因素。这是人力资本①理论和内生增长理论得出的重要结论,也与马克思主义经济理论中关于科学技术要通过教育使其"人化"于劳动者(转化为人力资本)和通过研发使其"物化"于生产资料,才能转化为直接的生产力这个观点是一致的。也就是说,并不能简单地仅从劳动人口总量的减少就得出"人口红利"逐渐消失的结论,还应该结合劳动人口的质量的变化综合考察"人口红利"的现实情况。

事实上,相对于劳动人口数量,劳动人口质量是影响劳动生产率的更重要因素,这在资本和技术密集型产业中尤为明显。因此,劳动人口的质量对我国经济结构转型、产业结构调整和优化升级、劳动生产率提升以及强化核心竞争优势,更是有着不可替代的作用。

改革开放以来,我国劳动人口整体平均的受教育水平较改革开放前有了大幅提升。近些年来,我国劳动人口质量的改善是相当有成效的。《国家中长期教育改革和发展规划纲要(2010—2020年)》显示,我国劳动人口平均受教育年限有望从2010年的

---

① 人力资本是指通过投资形成的、依附于劳动者人身的知识和技能综合,其蕴含于劳动能力中并能够产生经济价值的知识、技能、资历及包括创造性在内的其他社会及个人属性的综合要素。

9.5 年,上升至 2020 年的 11.2 年,①并且仍然有较大的提升空间。
2003—2012 年,我国城镇新增就业人口平均每年新增达 1000
万—1200 万,其中来自高等院校的毕业生年均增速约 23%,从 212
万增加到 699 万,其在城镇新增就业人口中的占比相应从 30%提
高到 50%。② 2011 年以来,来自高等院校的新增就业人口超过新增
的转移农民工总量,一跃成为我国劳动力市场规模最大的新增就业
人口。正因如此,我国劳动力市场人力资本仍然保持较强的增长态
势。尽管中国劳动年龄人口于 2012 年达到顶峰并进入下降阶段,
但中国人力资本却因劳动人口平均受教育水平的提升而持续增长,
直到 2023 年仍将维持年约 0.65%的增长速度。③ 因此,不同于我
国传统劳动人口数量上的优势形成的"人口红利",我国劳动力市
场因人力资本的强劲优势形成了所谓的"二次人口红利"。

2. 资本投入量、人口抚养比与人均资本存量④

毫无疑问,经济增长是由劳动力、资本等生产要素投入量及其
生产效率共同决定的。"投资是经济增长的第一推动力""经济增
长率主要取决于投资率"等观点迄今仍然是一种相当普遍的看
法。单从资本供给角度看,经济增长就是资本投入数量和资本投
资效率综合作用的结果。如果设投资效率为一定,经济增长将在
很大程度上直接决定于投资数量的多少。2010 年,我国资本存量

　　① 参见《国家中长期教育改革和发展规划纲要(2010—2020)》,http://moe.
edu.cn/pubciofiles/htmlfiles/moe/moe_838/201008/93704.html。
　　② 参见许召元:《人力资本:数量下降与质量提升》,选自刘世锦主编《中国
经济增长展望(2015—2024)》,中信出版集团 2015 年版。
　　③ 参见许召元:《人力资本:数量下降与质量提升》,选自刘世锦主编《中国
经济增长展望(2015—2024)》,中信出版集团 2015 年版。
　　④ 参见张军:《中国经济还能再增长多久?》,《文汇报》2012 年 4 月 16 日。

大约是 93.3 万亿元,相当于 13.8 万亿美元,而美国约为 44.7 万亿美元。这表明,美国资本存量超出中国 2.2 倍。从资本总量的差距看,中国追赶美国的经济增长和发展还有相当大的发挥空间。

用新古典经济增长理论来审视,人均资本量的提升对经济体长期增长具有重要作用。当全要素生产率难以增长时,人均资本量的增加可以带来经济的持续稳定增长。在中国的人均资本存量约为 1 万美元,尚不足美国人均资本存量10%的情况下,通过增加合理的投资提升人均资本量实现经济追赶,也是一条重要途径。另外,我国人口抚养比①继续处于较低水平。联合国统计数据显示,2020 年,日本的人口抚养比将达到 70%;法国次之,约为 62%;美国、英国和德国再次之,处于 55%—58% 之间;印度和俄罗斯处于 48%—49% 之间;巴西、中国和韩国均为 42% 左右。这表明我国的人均资本存量仍有较大增长空间。加之,我国东部地区与中西部地区的人均资本存量差距较大,2009 年,东部沿海 11 个省市的人均资本存量较中西部地区 20 个省区市约高出 1 倍左右。即使经过进一步发展,我国整体上进入了上中等收入水平阶段,广大中西部地区的人均资本存量与东部地区之间依然有一定的追赶空间。这也为我国经济体内部的"雁行模式"发展提供了足够的物理空间和天然的地区经济差异格局。

三、技术落差、研发投入与自主创新

1. 技术进步、技术落差与出口商品附加值率

在经济增长理论中,马克思主义十分强调科技的作用,认为科

---

① 人口抚养比,指总体人口中非劳动年龄人口数与劳动年龄人口数之比,表明每 100 名劳动年龄人口大致要负担多少名非劳动年龄人口。

技能够导致劳动力和有形资本这两大基本生产要素发生革命性的质的变化,即:既可以表现为劳动者素质的提高和技能的增强,大大提高劳动生产率,又可以表现为劳动资料和劳动对象的改良,大大提高有形资本的效率。西方主流经济学曾长期忽视科技进步的作用,直到20世纪50年代末美国经济学家索洛在研究经济产出增量中发现了"索洛余值",并将其归结为技术进步的贡献,才开始奠定技术进步在西方现代经济增长理论中的作用和基础,到新古典经济增长理论特别是内生增长理论时,才给予了技术进步以足够重要的地位。现今,经济理论界普遍认识到,是技术进步而不是劳动和资本投入量的增加,成为集约型经济增长的最主要原因。在此意义上,实现经济增长方式的转型,就是要切实把经济增长转移到主要依靠科技进步的轨道上来。

　　有鉴于上述原因,在理解中国经济高速或超高速增长现象时,学界往往将中国与发达国家经济体在科技水平上的差距,或者称为后发国家与发达国家之间的"技术落差",作为重要的因素之一。在改革开放后30多年的发展过程中,我国通过技术引进和本地化改进、消化吸收,逐渐推动自主技术创新能力的提升。这不但提高了出口商品的技术含量和技术复杂性,也提升了出口商品的附加值。2008年,新加坡出口商品中包含的国内平均附加值率为42%、中国台湾为53%、韩国为63%、泰国约为65%、中国大陆为63%、美国和日本大约为85%。① 这表明,经过改革开放后30年的发展,中国大陆出口商品的平均附加值率略高于新加坡和台湾,与韩国和泰国相似,与美国和日本仍有相当差距。而且,如果考虑

---

① 　参见张军:《中国经济还能再增长多久?》,《红旗文稿》2013年第11期。

外商直接投资的成分,属于中国自主创新能力的部分还被高估。

可见,近些年来,中国出口商品的技术含量和附加值已经取得较大进步,处于亚洲主要经济体的前列。当然与欧美等发达国家或地区相比,仍有待进一步提高。因此,从提高产品自主创新的技术含量看,中国与欧美发达国家仍有相当距离,整体上仍有充足的追赶空间。再从劳动生产率视角考察,经比较的统计数据显示,经过 30 多年快速发展,中国劳动生产率仍然只有美国的 13%。① 中国与欧美发达国家相比同样存在巨大差距,因而也仍然拥有足够的空间推动劳动生产率持续增长。

2. 研发投入、科技起飞与自主创新

研发投入即研究开发投资,是指将资本投入到科学技术研究中,将科学技术研究成果物化于生产资料,从而促进科技进步,推动要素生产率提高,最终促进经济增长。在科技高度发达的今天,各国经济增长的主要动力已经不再是依靠资本和劳动力等生产要素的投入,而更主要地依靠科技进步和技术创新。因此,当今世界各国莫不高度重视增加研究开发投资。

从经济合作与发展组织(OECD)的成功经验看,经济体通常需要相当的努力,其研发投入占 GDP 的比重才能达到 1%;而一旦越过 1%,该比重将以较快的速度提升。② 2012 年,中国研发经费总量突破万亿元大关后,其占 GDP 的比重达到 1.7%;2013 年中国研发投入强度又突破 2%。如果以研发投入占 GDP 的比重超过 1%作为"科技起飞"阶段来衡量,中国早在 2012 年前就已步入科

① 参见朱晓冬:《理解中国经济增长:过去、现在和未来》,《比较》2013 年第 1 辑。

② 参见张军:《中国经济还能再增长多久?》,《文汇报》2012 年 4 月 16 日。

技起飞阶段。即使研发投入总量已经超过万亿元,中国研发投入的增长率仍然维持在6%左右。据测算,截至2020年,中国研发投入占GDP的比重将达到2.5%,且进口技术比重将从50%下降到30%。同时,中国战略性新兴产业的附加值占GDP的比重将从3%提升到超过15%。①

因此,就宏观层面而言,中国自上而下的科技发展规划和自主创新战略的实施,必将不断提升技术研发能力和自主创新能力,尤其是在东部沿海地区的高新技术产业,更利用国外直接投资和技术引进,在某些特定领域或特定环节实现了自有知识产权的大幅度提升,为经济增长模式转型奠定了坚实的基础。依托教育、科技和人力资本上的基础优势,我国加大对外开放和吸引外商直接投资的力度,积极参与全球垂直分工,加快消化转移前沿技术,有助于推动自有知识产权比例不断提升,推动东部沿海地区产业不断升级。这对中国东部沿海较发达地区实现经济增长模式转型,推动自主创新战略的实施具有重要意义,对继续向纵深推进中国经济内部"雁行模式"的产业转移战略具有积极意义。

四、全面深化改革、供给侧结构性改革等释放"政策红利"

经济发展史充分表明,任何经济体的快速成长和健康发展,都离不开与经济发展阶段相适应和匹配的体制机制,这也意味着,任何经济体的发展过程通常都伴随着体制机制的改革。在中国经济发展过程中,不少学者都提出,能否不断进行生产、流通、消费、金

---

① 参见《国家中长期科学和技术发展规划纲要(2006—2020)》,http://www.gov.cn/jrzg/2006-02/09/content_183787.htm。

融、外贸等各方面的体制机制改革以减少资源配置的扭曲,消除所有制非平等竞争,强化服务型政府建设,消除市场统一和要素流动中的障碍等,是经济转型能否成功的关键。事实上,1978 年以来,我们一直走在自我完善和自我发展的改革开放大道上,中国经济发展的巨大成绩足以表明我国政府不断深化改革的坚强决心和显著成绩。

尤其是 2012 年党的十八大以来,中央对改革进行了更加全面和顶层的设计,更加有力地推动了改革进程,突出表现是,十八届三中全会作出了全面深化改革的重大决定,中央成立了高规格的全面深化改革领导小组,以敢于啃硬骨头的精神和坚韧不拔的毅力,着力推进全面的制度完善和体制机制创新。特别提出,经济体制改革是全面深化改革的重点,要正确处理政府和市场关系这个经济体制改革的核心问题,要紧紧围绕市场在资源配置中起决定性作用深化经济体制改革,坚持和完善基本经济制度,加快完善现代市场体系、开放型经济体系,加快转变经济发展方式,加快建设创新型国家,推动经济更有效率、更加公平、更可持续发展。正确处理政府和市场关系,一是使市场在资源配置中起决定性作用,这是我国改革理论的重大发展,为全面认识和发挥市场作用指明了方向。着力解决市场体系不完善、政府干预过多和监管不到位问题,积极稳妥从广度和深度上推进市场化改革,大幅度减少政府对资源的直接配置,推动资源配置依据市场规则、市场价格、市场竞争实现效益最大化和效率最优化。二是更好地发挥政府的作用。着眼于我国发展和改革全局,全面正确履行政府职能,加快政府职能转变,进一步简政放权,加快政府的战略规划制定、市场监管和公共服务职能,合理界定中央和地方政府职能等,严格依法行政,健全监督机制,完善绩效管理,更好地发挥政府作用。

2015 年,习近平主持中央财经领导小组第十一次会议时提出"供给侧结构性改革",可以看作是十八大以来党中央适应经济新常态而提出的一系列经济改革举措的高度浓缩,其着眼于供给侧和结构方面,更是对实现经济长期增长、提升全要素生产率改革方向的"一锤定音"。另外诸如经济新常态、创新驱动发展战略、新发展理念等一系列重要规律性认识和重大战略安排,都将为我国经济可持续发展带来新一轮可观的"政策红利"。

第二节　中国经济转型的
政府创新驱动

一、创新驱动发展生态系统、国家创新体系与政府创新驱动

1. 创新驱动发展生态系统与政府创新驱动

技术进步的重要前提是知识创新和技术创新。尽管知识创新和技术创新在技术进步从而在经济活动中起关键作用,但由于不易直接观测和度量,使得其在相当长时期的学术研究领域一直没得到足够的重视。直到 20 世纪五六十年代,不少文献开始关注知识创新和技术创新对经济增长的影响问题,其中大多是理论上的定性的研究探讨。而且经济学最初主要研究创新的资源配置及其经济效果问题,而对于创新过程本身一直或多或少地被视为一个"黑匣子"。20 世纪 80 年代初,经济学家才真正开始研究技术创

新及其扩散途径,试图揭开技术创新与生产过程相互作用的"黑匣机制",取得一定的研究成果。

创新研究文献中的一个显而易见的重大发现是,尽管某些天才的个人和优秀的企业在技术创新中起到关键作用,但大多数情况下,创新不只是由天才发明家或者企业家促成的独立事件,单个天才或优秀企业很少甚至不能独自完成创新,其还需要与外部环境进行广泛的互动,创新活动非常依赖外部资源,创新活动是与社会系统相互作用、相互影响的多重结果。创新的旅程是一个集体成就,是不同学科与机构彼此互动交织的复杂网络,或者说是一个"创新发展的社会系统"。①

创新驱动发展战略是各大创新主体、创新群落和创新环境等因素之间,通过物质循环和能量流动而相互作用的、网络化和综合化的有机生态系统,其中创新是推动经济转型和结构调整的核心驱动力。它既包含技术创新,也需要制度、文化、理论和商业模式等多种软实力的互动,更需要政府、企业、研究机构、中介机构和金融机构等社会主体的积极参与。其中,政府通过建设制度、推进改革、制定和完善科技产业税收等政策,引导和激励社会创新,释放市场活力,改善资源配置效率,加快技术创新速度,优化经济运作效率。企业通过加强研发投入,提高研发能力和创新成果转化能力。研究机构通过发挥对科技企业技术研究和孵化的支撑作用,强化技术开发、团队合作和产学研结合力度。中介机构为企业提供技术咨询、技术信息指引和业务指导服务,推进科研成果转化。

---

① 参见[法]詹·法格博格、戴维·莫利、理查德·纳尔逊:《牛津创新手册》,知识产权出版社 2009 年版,第 14 页。

金融机构发挥"创新资金池"作用,通过科学评估和监管,确保资金投放的安全性和使用效率,发挥金融对科技创新的带动作用。总之,在创新驱动发展生态系统要素的优化配置中,必须将创新驱动置于发展的核心战略位置,突出各大创新要素的高效集聚和多层面循环,有效整合科技、制度、人才、金融机构、中介机构和创新文化等各类创新要素,促进创新要素集聚、创新人才引进、创新成果吸收转化能力,切实提高创新要素的运作效率,打造充满活力的创新驱动发展生态系统。

与企业追逐利润类似,创新驱动发展生态系统的诸多参与主体也出于追求自身利益,在创新过程中的某些关键环节,在创新驱动发展过程中起到重要作用①。其中,国家力量的重要性已得到不少文献支撑,因为企业是技术创新投入、产出和收益的主体,因而在创新驱动发展生态系统中起着关键作用。而大多数企业的创新活动毕竟仍然是在其母国进行的。

发挥国家政府的重要作用,关键是正确处理好政府与市场的关系。与要素驱动发展相比,创新驱动发展对政府的作用提出了新要求,就是要使市场在资源配置中起决定性作用和更好发挥政府作用。美国硅谷的成功,除了斯坦福大学和风险投资之外,美国政府的作用不容忽视。在打造转型升级环境和创新驱动发展动力方面,政府要较好地平衡"有为"与"无为"的关系,精准定位,推动创新发展。具体有:1.政府是创新驱动发展目标的引领者,要战略创新、规划先行。市场机制的缺陷需要政府对创新进行激励和支

---

① 参见 Nelson,1986:"Institutions Supporting Technical Advance in Industry", American Economic Review,vol.76(2),186–189。

持。创新基础设施的建设和完善,往往由于较长的回报周期和高额的投资,使得企业不愿或无力介入,必须依赖政府加以组织。事实上,即使在市场经济发育较成熟的西方发达国家,也同样存在大量市场低效或失灵的领域,需要政府发挥作用。而在我国,由于市场体系本身还不完善,市场配置资源还经常被原有体制的惯性因素所扭曲。在这种情况下,市场对企业创新的配置和激励作用是有限的,要加快企业创新的进程,除了依靠市场的作用外,还需要借助政府行为促进市场体系的发育,发挥政府职能,强化政策方面的引导和支持。2. 政府是创新驱动发展的推动者,要着力制度创新和平台创新。创新本身具有不确定性和溢出效应,需要政府政策安排对企业创新进行激励。经济学家肯尼迪·阿罗早在1962年就指出,无论是完全竞争还是垄断市场下的创新,其创新水平都将低于社会最优水平。政府作为一种非市场的力量,在推动大众和企业创新中有着关键的作用,政府可以对"市场失灵"进行弥补,对企业创新行为加以引导。通过政府支持,可以用非市场的方式形成有利于企业创新的政策和法律环境,对企业创新进行导向和支持,充分发挥政府对企业创新的激励作用。3. 政府是创新驱动发展责任的担当者,需要超前眼光和战略定力,要有"功成不必在我"的气魄和胸怀,正确处理好长远利益与眼前利益,国家利益、社会利益与个人利益之间的辩证统一关系。

2. 国家创新体系与政府创新驱动

对创新系统研究的一个重要方法是关注创新的空间范畴,既用国家或地区边界来区分不同的创新系统。比如,弗里曼(1987)首先提出"国家创新系统"概念。伦德瓦尔(1992)和纳尔逊(1993)等随后也使用了"国家创新系统"概念。弗里曼(Freeman)

还引入"国家创新系统"用于解释日本二战后在经济方面取得的成绩。尽管目前还缺乏公认的国家创新系统的定义及其内涵界定,但普遍意义上的国家创新系统中包括所有能够影响创新的开发、扩散和使用的重要的经济、社会、政治、组织、制度因素及其他因素。① 随着国家创新系统概念的广泛传播,以及在一些国家和地区的实践,国家层面对创新驱动的关键作用越来越得到实务界和学术界的普遍认同。尼尔森和诺森伯格(Nelson and Rosenberg)认为,国家创新系统在支持母国创新能力、提升国家核心竞争力的同时,也需要通过国家层面的大力支持,维持这种创新能力,完善国家创新系统建设。尤其是发展中国家,更要从国家层面充分重视和支持国家创新系统建设,充分利用政府的资源整合优势和规模经济优势对国家创新系统进行持续打造,为国家创新能力的提升奠定基础。以上国家创新系统概念与国家创新体系概念比较接近。

国家创新体系概念是经济合作与发展组织(OECD)最先提出的,意思是:创新需要使不同行为者(包括企业、实验室、科学机构与消费者)之间进行交流,并且在科学研究、工程实施、产品开发、生产制造和市场销售之间进行反馈。因此,创新是不同参与者和结构共同体大量互动作用的结果。把这些看成一个整体就称作国家创新体系。在国家创新体系中,科技创新的路线图可以概括为上游的知识创新,中游的孵化和研发新技术,下游的采用新技术。我国现阶段要建设的国家创新体系是包括知识创新、技术创新和

① 参见[法]詹·法格博格、戴维·莫利、理查德·纳尔逊:《牛津创新手册》,知识产权出版社 2009 年版,第 183 页。

产业创新在内的体系,这三个方面的创新体系互动并耦合。在国家创新体系中,将大学的知识创新与企业的技术创新两大系统集成和衔接形成协同创新的主体是政府,政府采取的主要方式是建设科技园,支持科技孵化器建设,搭建产学研合作创新平台,在这个意义上,实际是政产学研合作创新。建设和完善国家创新体系,一项重大而紧迫的任务是实现科技创新由外生向内生转化,这就要求我国政府转变技术进步的模式,坚持走中国特色自主创新道路,以全球视野谋划和推动创新,提高原始创新、集成创新和引进消化吸收再创新能力,更加注重协同创新,从全局和战略高度建设创新型国家。中国经济进入新常态,其重要标志是经济增长的驱动力由要素驱动转向创新驱动。习近平同志明确提出,如果说创新是中国发展的新引擎,那么改革就是必不可少的点火器。因此,创新驱动经济发展的前提是改革,改革的重要方面是建设和完善国家创新体系,建设和完善国家创新体系的关键是破除体制机制障碍,最大限度地解放和激发科技作为第一生产力所蕴藏的巨大潜能。①②　现在,国家创新体系已经广为政策制定者们所熟悉,特别是在政府作用渠道或路径方面的认识颇为一致,大多将教育培训、科技能力培育、产业结构优化、创新系统内构建、金融支持系统和从外国吸取技术经验等方面作为重要内容。

二、经济增长、技术进步与政府创新驱动

索洛将其发现的"索洛余值"归结为技术进步的贡献。在西

---

① 参见洪银兴:《建设和完善国家创新体系》,《中国党政干部论坛》2015 年第 8 期。

② 参见洪银兴:《论创新驱动经济发展战略》,《经济学家》2013 年第 1 期。

方经济学文献中,本原意义上的"技术进步",亦即"全要素生产率"的同义语。① 下面,我们从全要素生产率即技术进步的视角考察新加坡与日本经济增长的差异现象。

作为东亚奇迹的重要代表,新加坡和日本在二战后的经济增长为世界所关注,其增长机制也是欧美学术界关注的焦点话题之一。二战后的相当一段时期内,新加坡和日本都取得了举世瞩目的经济增长成绩。然而,1990 年之后的日本经济逐步陷入经济发展的"泥潭",形成所谓"失去的十年",迄今仍无大的起色。新加坡经济则继续表现良好一直至今。二战后的新加坡和日本在相似的经济发展战略指导下取得辉煌成就之后,时至今日,经济增长为什么却有着截然不同的表现,其背后的深层原因是什么?

库兹涅茨、丹尼森和肯德里克等学者都用经济增长核算的方法,着眼于经济中各种因素对经济增长所起的作用问题进行研究,得出的结论也比较接近,即:经济产出的增长可以分解为生产要素的增加和技术进步两个来源,或者说是资本增加、劳动增加和技术进步三个来源。生产要素的增加又可进一步分解为生产要素投入量的增加和生产要素生产率的提高。生产要素生产率主要取决于资源配置状况、规模经济和知识进展。其中,技术进步对经济增长的贡献不仅是明显的、突出的,而且越来越具有重要作用。在新古典增长理论中,得出的结论是经济长期增长的源泉来自技术进步,但技术进步还是个外生因素。新增长理论即内生增长理论则将技术进步作为知识积累和人力资本增长的结果,纳入经济增长模型,

① 参见蒋学模:《高级政治经济学:社会主义本体论》,复旦大学出版社 2001 年版,第 203 页。

使技术进步不仅被内生化,还成为经济增长的内生变量,并且取代生产要素物的因素成为现代经济增长的主要因素和原动力,深化了对经济增长过程的认识。

基于新增长理论的视角,经济体如果伴随着不断的技术进步(通常以全要素生产率的增长为代表),则其经济增长将倾向于维持稳定的上行趋势,反之,经济增长则难以持续。林文夫和普雷斯科特(Hayashi 和 Prescott)的研究表明,1990 年以后日本"失去的十年"的经济停滞(1990—2000)集中体现为全要素生产率表现不佳。[①] 新加坡却通过创新能力的持续提升推动经济增长模式转变,实现了全要素生产率的稳中有升,维持了经济增长的上行趋势。以欧洲工商管理学院(INSEAD)和世界知识产权组织(WIPO)设计的"全球创新指数"[②]排名为例,截止 2015 年,新加坡连续 5 年位居世界前 10 名,其中 3 次位居亚洲第一,超过排名 20 位左右的日本。[③] 林德贝克(2013)对 1990 年后日本经济增长模式转型的失败进行了研究认为,日本在远没有成为技术前沿者之前,采取的"改良式的工程设计"(Improving Engineering)追赶体系发挥出积极作用,成就了其二战后经济增长的辉煌。但当其处于技术前沿时或追赶空间不足时,政府仍然对低效率企业和衰落产业进行补贴,导致创新相对不足,整体投入产出比偏低,缺乏足够

①　参见 Hayashi, Fumio and Edward C. Prescott. 2002: "The 1990s in Japan: A Lost Decade", Review of Economic Dynamics 5(1), 206-235。

②　该指数从稳定的政治经济秩序、良好的教育系统、高研究与开发投入、有效的基础设施、市场内需程度以及将这些优势转化为创新力的能力等方面,是评价国家或地区创新能力的重要参考。

③　参见《新加坡在 2016 全球创新指数中排名亚洲第一》, http://www.ipr.gov.cn/article/sjzl/gj/tsbg/201608/1894321.html。

的自主创新和技术进步支持经济转型,原有的追赶体系就抑制了全要素生产率的提升,成为创新型经济增长的障碍。①

三、新增长理论和制度经济学视角的政府创新驱动

1.新增长理论视角的创新驱动模式

在产出增长中不被资本和劳动等生产要素投入增加所解释的部分即"索洛余值",通常被称为技术进步因素。这里的技术进步因素,既包含技术创新引起的技术进步,科学创新引起的技术创新,重视教育而引起的科技水平提升,也包括教育和卫生质量改进引起的人力资本改善,各种学校教育的知识积累和边干边学中的知识积累,甚至包括更广泛意义上的资本投资(斯科特强调,资本投资是技术进步的源泉,也是经济增长的决定性因素),总之一句话,"索洛余值"中包括所有能够使生产函数向更有利的方向移动的各种各样的因素。或者用新增长理论的观点,将经济增长的内生驱动力,进一步归结为生产中的各种创新。可见,与狭义的技术进步不同,这里是广义的技术进步或称为创新,其内涵相当广泛,借鉴熊彼特等学者的观点,创新是现有资源的重新组合,不仅包括技术创新,也包括生产过程创新和生产组织创新,甚至还有产品创新、市场创新等等。其中,技术和产品创新,侧重于技术领先性,使得新产品或新服务较旧产品或旧服务更具功能、成本、体验等的综合优势。过程创新是围绕劳动、资本等生产要素生产率提升而进行的生产过程的相关创新,目的仍然是提高产品或服务的核心竞争力,着眼点是立足于劳动、资本作用过程的科学化、合理化,在较

---

① 　参见林德贝克:《政府与市场》,《比较》2013 年第 5 期。

少改变要素投入的前提下提高要素生产率。组织创新是围绕组织
结构进行优化,使得不同生产要素的组合更有效率或内生增长动
力,核心在于组织结构的调整与激励体系相容。可见,这里的过程
创新与组织创新,分别类似于我国的机制创新和体制创新概念。

　　任何创新都是一个动态演进过程。随着一个经济体产出的持
续增长,资本积累和存量资本不断增加,由技术创新带来的先进技
术不断涌现,催生出大量新产品或新服务。在创新的动态演进中,
其面临的成本条件和需求条件也在动态调整,由于创新通常都面
临很高的失败概率,创新通常总伴随着很高的的成本,因此,围绕
技术创新所进行的风险投资就必不可少,有些需要市场中的创新
主体直接承担,有些则需要国家予以分担。随着技术进步和相应
的生产关系调整,原有的生产流程或组织结构逐渐难以适应新的
形势,尤其是在移动互联网的大变革时代,围绕创新、创意为核心
的生产组织结构越来越突出,生产过程的社会化、专业化和外包化
越来越明显,使得原有的重资产、高投入产业面临新的压力,催生
以创新、创意人才为团队核心的新型组织结构或组织形式。因而
在经济发展新常态条件下,随着大众创业、万众创新的不断推进,
除了一贯重视技术创新外,还应更多地重视过程创新和组织创新,
并将其作为全面深化改革的重要发力点和突破口。

　　2. 技术创新与创新驱动中的政府角色定位

　　通常以高投入和高风险为特征的技术创新,尽管有创新成功
后的垄断利润作为创新者的回报,但创新过程的知识溢出效应或
正外部性总是客观存在,若不能对正外部性较为明显的相关创新
行为予以支持,将会导致市场中的私人主体对技术创新投入的不
足,进而影响国家层面的总体创新能力。如果再伴随着金融市场

体系的不完善,创新投入不足的倾向将更为明显。因而,在创新传播迅速和知识经济溢出便捷的领域,主要承担公共职能的政府也应以技术创新共同投资者(co-investor)身份,参与到部分技术创新或技术创新的关键环节中,创造条件让市场中的私人主体将技术创新的正外部性尽可能予以内部化,或为私人主体主动参与创新投资创造条件和空间。比如,政府在诸多不易内部化的创新领域投入资金予以支持,包括但不限于加强基础教育和高等教育,为正外部性较高的私人企业提供补贴,出台支持中小企业的相关政策,支持中小企业进入资本市场等。

熊彼特的"创造性破坏"理论认为,创新的作用在于创造性地破坏市场的均衡,而动态失衡是健康经济的"常态",企业家正是在创造性地打破市场均衡中获取超额利润的机会。但是,每一次以推出新产品或新服务为目标的创新过程,必然伴随着新的生产体系的建设,以及旧产品或旧服务及其相伴的技术和生产体系被淘汰,从而引起新旧生产者之间的矛盾和冲突,使得昨天的创新者会抵制新的创新者。这种冲突直接体现在劳动力市场上,使得一部分劳动力面临失业,不得不走上再就业的道路。这种情形也得到经济合作与发展组织(OECD)的证实,即:创新导向型增长通常伴随着较高的企业和劳工转换率。为了缓解这种新旧创新者之间的冲突,这种技术导向型创新亟须为其中面临工作转换的劳动力提供培训服务和保障服务,从而降低帮助劳动力实现再就业、减少创新过程中的转换成本,实现社会发展的平滑过渡和打造宽容的退出环境。这需要政府围绕劳动力转换完善社会保障体系,甚至在某些领域制订局部再就业计划和劳动力市场转换、新产品过渡等相关市场规则。

3. 组织创新、过程创新与制度变迁

在创新驱动发展生态系统中,技术创新解决创新驱动发展的可能性,要使创新最终真正步入市场或取得持续性的创新效果,还需要相应的组织创新和过程创新予以配套。用制度经济学的视角看,就是技术创新需要制度变迁支撑。然而,制度变迁并不总是能自发进行①,尤其是当一些外部条件尚未成熟时,如:外部需求的密度、当下制度安排的成本与效益、相关交易的成本等。正如林毅夫(1989)所提出,制度安排本身是公共品,具有外部性,使得"搭便车"难以避免,从而导致在缺乏外部强制性制度变迁的机制下,社会中的制度供给将少于社会对制度的需求。② 在此情况下,创新驱动发展战略的实施,需要国家从外部干预,甚至直接采取强制性制度变迁办法,以补救持续的制度供给不足。

马克思主义经济理论强调,生产力决定生产关系,生产关系应该主动适应并促进生产力发展,两者相互作用和辩证统一于现实的经济增长和发展过程。科学技术是第一生产力,具体的经济制度和体制机制则属于生产关系范畴。因而,除了高度重视技术创新,还应借助国家强制力和规模经济优势,围绕组织创新和过程创新加强制度供给,为科技创新和创新驱动发展战略的实施提供良好的制度环境基础。尤其是当外部的制度环境成为技术创新的障碍而急需组织创新和过程创新时,政府应从宏观层面顶层创设符合实际需要的制度体系,包括对相关领域进行改革。如:在国有企

---

① North(1981)提出,当一种制度的不均衡导致效率损失时,制度变迁中会有自发的力量来提高效率、恢复到新的高效率均衡水平。

② 参见林毅夫:《关于制度变迁的经济学理论:诱致性变迁与强制性变迁(1989)》,《财产权利与制度变迁》,格致出版社2014年版。

业混合所有制改革中,是否需要对现有的国有资产管理体制进行优化,是否需要对国有企业管理层激励约和束机制进行调整,是否需要改善和提升中小微企业的利益诉求表达机制等,这些都是在组织创新和过程创新中加以考虑的问题。

四、我国创新驱动发展战略中的政府创新驱动

1. 我国政府实施创新驱动发展战略的基础

我国全方位多层次各领域深度改革开放,已经为经济增长模式转型和实施创新驱动发展战略积累了丰富经验,储备了一定的人财物等基础。一是创新能力大幅提升,国家创新指数由 2000 年的全球第 38 位上升至 2015 年的第 18 位。二是研发(R&D)经费持续增加,我国 2015 年全社会研发经费支出 1.43 万亿元,位居世界第二位。[1] 三是积累庞大的人力资本,研发人员全时当量 2014 年就位居世界首位,占全球总量的 29%。[2] 四是支撑性科技创新政策逐步完善,先后出台《科学技术进步法》《专利法》《促进科技成果转化法》等与创新发展有关的法律法规,为科研创新提供了较为完备的法制环境和政策支持体系。

囿于多年来赶超战略的思维惯性和路径依赖,我国实施创新驱动发展战略仍然存在诸多不利因素。其一,国家宏观层面的科技体制改革仍未到位,使得科技研发中的内生驱动动力机制尚不健全,一定程度上影响了我国核心科技人才的创新激情,抑制其创

---

① 参见中国新闻网:《2012 年全国研发经费投入总量为 1.4 万亿元》,http://www.cinanews.com/cj/2016/03-09/7790182.shtml。

② 参见人民网:http://scitech.people.com.cn/n/2014/033/c1007-24782987.html。

新动力。其二,处于产业链上中下游之间的创新主体缺乏有效沟通,将科研成果转化为产品或商品的路径不甚顺畅,使得整体有效的科技成果转化率一直不高,尤其是缺乏上中下游合理分工、协同攻关和创新资源共享机制,阻碍了科技在创新驱动发展中的支撑引领作用。其三,受重工业优先发展战略的影响,我国长期以来对非重工业的技术研发投入偏少,使得相关产业的自主创新能力相对薄弱、核心技术对外依存度高。其四,经济赶超型增长模式下的技术以模仿为主、低劳动力成本、低端产品市场、间接融资为主的金融体系以及相关政策导向,也使得我国创新能力不强,科技发展水平总体不高,科技对经济社会发展的支撑能力不足,对经济增长的贡献率远低于发达国家水平,这是我国经济的"阿喀琉斯之踵"。正因如此,我国改革开放30余年来一直处于世界产业分工格局中的价值链低端,不利于我国全要素生产率水平的提升。

2. 政府创新驱动与科技创新

科技创新是提高社会生产力和综合国力的战略支撑,处于国家发展全局的核心位置,也是国家创新能力的核心体现,因此,一直受到国家层面和社会层面的广泛关注。改革开放以来,我国一直着力通过改善基础教育、发展高等教育、提升人力资本存量、加大科研经费投入等重大举措,不断增强科技创新能力和潜力。

为进一步增强我国科技创新基础,整体推动创新驱动发展战略,应该做到:一、完善知识创新体系,强化基础研究、前沿技术研究、社会公益技术研究,提高科学研究水平和成果转化能力,抢占科技发展战略制高点。实施国家科技重大专项,突破重大技术瓶颈。加快新技术新产品新工艺研发应用,加强技术集成和商业模式创新。二、明确界定科研机构和高等院校的基本功能,依据功能属性进行政府资金配置或融资渠道开放,推动以科研院所和高等院校为主体的人力资本投入,增强基础共性技术和前沿技术的研发创新能力。三、建立健全知识产权保护法律体系,确保知识产权拥有者合法权益,为建立以创新主体为核心的创新内生动力机制提供保障,促进不同层面的创新者积极投入技术开发和创新。四、完善科技成果转让和交易平台,鼓励资本市场和各类产权交易市场发展,建立以创新成果为纽带的流通机制,实现创新成果的快速变现和市场化运作,最大限度地降低科技创新成果走向市场的交易成本。五、从国家层面集中力量,对承担战略性任务的国有企业和规模较大的民营企业加以引导,促使其围绕前沿技术定位,面向世界建立领先的技术研发平台和创新孵化平台,为其他追随型中小企业提供必要的支撑和保障。六、扩大股权融资比例,推进主板、中小板、创业板、新三板等多层次资本市场发展,提高对中小微企业的覆盖面和符合上市条件公司的上市比率,为中小微企业创新提供多层次资金来源渠道,切实缓解中小微企业的融资约束困境,降低其融资成本。七、加强科技中介服务体系建设。

3. 政府创新驱动与国家创新体系

党的十八大提出,要深化科技体制改革,推动科技和经济紧密结合,加快建设国家创新体系,着力构建以企业为主体、市场为导向、产学研相结合的技术创新体系。完善和优化国家创新体系,必须坚持以企业为主体,促使不同所有制企业切实成为创新的主体。

一是,围绕企业实际需要,确定国家层面的重大科研立项和技术攻关,尤其是支持具有核心技术优势的重点企业建设国家级研究院、工程技术中心和重点实验室。二是，加快地方科研院所改制，对接高等院校技术转化中心，推进应用型技术研发机构的市场化改革，建立研究型机构成果市场化转化机制，促使其成为我国技术攻关和科研成果转化的主体。三是，以创新联盟为平台，以科技创新为内容，推动企业、高校和科研院所建立多层面、多机制的创新联合体，实现研发力量的有效整合、研究资源的优势互补，消除科技创新中的"孤岛"问题，提升国家创新体系整体效能。四是，着眼于中小微创新型企业的实际需要，加大有关基础研究投入，引导和鼓励相关国家级科研机构进行原创性研究，保证共性技术的公共供给，为应用技术研究提供技术平台和基础理论支撑。五是，以重大科研项目为平台，对重点学科带头人、行业领军人才予以重点支持，引导和鼓励企业建立首席科学家制度，突出人力资本的引领作用。六是，提升核心骨干的激励强度，完善人才评价/评估机制，建立与企业发展相匹配的股权激励、知识产权公有制、管理层持股等多种激励模式，激发高端人才开展科技创新的积极性。

4.政府创新驱动与创新生态环境

科技创新离不开组织创新和过程创新的支撑，创新驱动离不开相关制度体制机制的改革和良好的外部环境配套和支持，这对处于经济转型时期的中国尤其显得重要。党的十八届五中全会提出，要加快形成有利于创新发展的市场环境、产权制度、投融资体制、分配制度、人才培养引进使用机制，深化行政管理体制改革，进一步转变政府职能，持续推进简政放权、放管结合、优化服务，提高政府效能，激发市场活力和社会创造力，让创新贯穿党和国家一切工作，让创新在全社会蔚然成风。

因此,要通过全面深化改革,不断调整和促进生产关系,使其与生产力相适应。要消除制约创新的制度体制机制障碍,深入推进有利于创新的制度体制机制变革,以制度体制机制创新激发全社会创新的动力和活力。要在全社会厚植新发展理念和创新意识,从国家层面引导和鼓励创新,明确创新驱动发展战略对我国经济增长和发展模式转型的重大意义,把全社会的认识统一到依靠创新驱动和实现转方式、调结构、促发展上来,为创新及创新驱动营造良好生态环境和氛围。比如,实施知识产权战略,建立健全知识产权保护法制体系,加大知识产权保护力度,充分尊重不同所有制产权及其衍生权利,依法保护不同所有制市场主体展开公平竞争。落实负面清单制度,优化行政审批,降低新兴市场领域准入门槛和创新/创业门槛,打破行业垄断,通过"非禁即入"等方式,鼓励中小微企业进行大胆尝试、大力创新,引导和支持其发挥自身优势,进行面向移动互联网时代的商业模式创新和技术驱动创新。逐渐弱化国家层面对竞争领域国有资本的隐性支持或担保,有序推进传统行业垄断领域的市场开放,其中包括但不限于能源、交通、电信等,破除民间资本投资的"玻璃门"和"天花板",通过增强竞争强度提升行业整体效率,实现社会资源的优化配置和社会福利的"帕累托改进"。建立创新的包容型制度,为创新失败者提供基础生活保障和社会化调节机制或退出机制,营造包容型经济制度环境。着眼于较高的创新失败风险和创新实际需求,打造并优化完善社会保障体系,尽可能以国家层面的力量为创新者提供基本生活"安全网"保障体系,解决其后顾之忧。以及针对创新发展中的共性问题和重大个性问题,进行有针对性的体制改革和机制设计,形成有效制度供给,获取制度改革的红利等等。

5. 政府创新驱动与持续创新能力

创新不是一蹴而就的,也不是简单的单次循环,而应该是一个不断深入和循环往复的过程。政府要从激发永续创新的动力和活力出发,从宏观层面做创新的战略性规划和安排,创造内生的、强大的、持续创新能力。

一是要建立完善多元化的创新投入体系。发挥政府资金引导作用,建立健全活跃的风险和创新投资、众筹融资等机制,吸引社会资本进入创新领域,促进科技、产业、金融紧密结合,形成多元化创新投入体系。

二是要不断优化创新资源高效配置和综合集成。引进和集聚各类创新资源、要素和创新机构,特别是创新人才,尤其是高端创新创业人才和创新团队,完善创新人才培养、引进和使用机制。促进创新资源的合理高效配置和转化集成。着力对企业的技术创新与大学的知识创新两大创新系统的集成,形成协同创新。把知识创新、技术创新、产业创新、金融创新相融合,科技创新与科技创业有机融合,实现产业化创新。既发挥市场作用也发挥政府作用,通过优化各种创新资源配置,促使各个创新系统形成合力,把全社会的智慧和力量凝聚到创新发展上来。

三是要形成强大的内在创新动力。加强浓厚的创新文化建设,构建鼓励创新的各种激励机制,完善创新活动管理体制,改进创新评价办法和标准,改善创新成果转化机制。促进形成有利于创新的金融、财税、人才激励、科研经费等政策体系和投融资环境,加强激励创新的公共环境特别是政府效率和政府支持政策等公共服务环境建设,提供法制特别是知识产权保护环境等,促进形成激励全方位创新的内在动力机制。

第三节　中国经济转型的
金融创新驱动

一、金融、创新与经济增长

1. 相关研究和有关结论①②

创新必须要付出足够的资源来启动、指引和维持,创新过程需要持续一定时间,所以支撑创新的这些资源要自始至终被占用,创新能否成功具有不确定性,所以创新投资的回报是不能保证的。因此,创新是一个具有较高风险的、昂贵的过程,需要金融资源的大力支持。因此,创新经济分析先驱熊彼特将资源配置尤其是金融资源配置的研究作为其创新研究的中心,特别关注了金融在推动创新和经济变革中的作用。

关于金融对创新的积极作用,主要研究结论有:金融发展促进新企业和新产业的创立,通常体现了新思想、创新和突破。金融部门在创新和重建过程中具有关键作用,而创新和重建过程又是任何技术进步(包括内生技术进步)和经济发展的要素。技术革命的生命周期中有金融系统的参与,金融在资助技术革命和创新中有积极作用。经济中的生产资源从现有用途配置到新用途的创新

---

① 参见[法]詹·法格博格、戴维·莫利、理查德·纳尔逊:《牛津创新手册》,知识产权出版社 2009 年版,第 237—258 页。
② 参见[加]杰格迪什·汉达:《货币经济学》,中国人民大学出版社 2005 年版,第 792—797 页。

机制,和由新的、创新型企业推动的创新过程,都是通过金融系统为中心的信誉的建立实现的。金融系统,或者说其所推动的银行系统和信用的扩张和收缩,是导致经济活动结构重大转变的资源重组的核心机制。国家金融系统的发展对于推动创新潮流是至关重要的,是经济发展的动力。对美国风险资本产业发展的研究认为,美国风险资本产业的投资高度集中于重要的战略性新兴产业,硅谷的风险资本家大量地参与到所投资的企业的咨询、指导、帮助、管理中,美国风险投资对硅谷的创新型企业早期发展和未来成功发挥了重要作用。金融服务在经济中的最优生产和使用要求金融部门有效率。金融部门的效率像其他部门一样,也取决于管制、技术进步和经济环境的其他方面。金融管制对增长有很大的负效应,高效且发达的金融体系对增长是有益的。

关于金融发展对经济增长的积极作用,主要研究结论有:有效且不断发展的金融部门对经济增长和发展做出了重要贡献。拥有比较发达金融市场的国家同其他国家相比具有经济增长的比较优势。金融部门对经济生产和交换部门的效率、对储蓄积累和在项目与部门之间的有效配置、对资金分配于创新和风险承担、资本增长等方面的贡献很大。在现实中,大多数企业都需要额外资金,不通过金融中介而直接从最终储蓄者获得这些资金可能会有困难或常常需要极高的成本。金融中介在总资本存量水平既定情况下,能增加资本的边际产品,金融中介部门的扩张能直接影响总投资量,从而具有更高效率和竞争性金融部门的经济体的人均收入和增长率会提高。麦金农等曾强调,发展中的经济体因存在众多的借款约束而分割了市场,使投资总量减少,还把可利用的资金引向生产性低的用途,金融中介对发展中的经济体投资水平和投资效率提高很重要,不受管制且有效率的金融中介对这类经济体的增长至关重要。有效率的金融部门不仅使储蓄得到积累,而且还更有效地把储蓄配置到投资项目上,从而促进该经济的资本增长。银行业发展和股票市场流动性的初始水平分别与以后的增长率、资本形成和生产率提高正相关的效应十分显著,表明金融发展与经济增长有因果关系,这些变量对经济增长的主要影响是通过生产率的提高产生的。金融发展减少金融市场的缺陷,相对于新企业而言,这通常有利于现有企业的内部融资和增长,因此,外部融资的成本较低和比较容易获得提供了一个机制,通过这种机制,金融发展影响经济的进步和增长,这是金融发展与增长具有因果关系的证据。

内生增长理论充分认识到技术变化对经济增长的重要性,研究了金融系统如何并且在什么程度上影响经济增长的速度和进程,比如,金融发展与经济增长存在显著的正相关,作为一种来源的风险资本的特征和对经济增长的重要性,对研发密集型企业及新创企业的资助的重要性,一个国家的金融模式与经济结构变革(如从制造业向服务业的转变)之间具有明显相关性,金融系统的经济影响不仅反映在总的经济增长率上还反映在特定产业的差别发展①等,并且已经建立了一些金融系统影响长期经济增长的机制模型。经济史和计量经济研究的结果是,金融部门对增长率的贡献至少是部分通过经济的产业结构动态变化实现的,尤其是通过新企业和新产品的外部融资来实现的。这就同内生技术进步的

----

① 由国家金融系统支持的部门随着时间的推移在经济发展中将变得越来越突出,而其他很少受到支持的部门将在发展中衰退或失败。

新理论对创新和变革的强调很好地联系在了一起(关于内生增长理论这方面的更详细讨论将在本节第二部分进行)。

2. 中国金融改革与发展

新中国建立至党的十一届三中全会前,中国金融突出特点是中央计划体制下高度集中的大一统的金融机构体系。十一届三中全会后,随着经济体制改革的全面推开和不断向纵深推进,中国金融领域进行了一系列改革,尤其是对金融机构体系进行了全方位改革,突破了传统高度集中的金融机构体系。

金融机构体系改革方面。1979 年起,陆续恢复或分设四大国有商业银行,逐步建立一批全国性和区域性股份制商业银行及其他各类金融机构。1984 年起,中国人民银行从大一统的全能银行职能中摆脱出来,开始专门行使中央银行职能。1994 年,同年成立三家政策性银行,实现政策性金融与商业性金融业务分离。

金融市场化改革方面。1987 年党的十三大明确金融体制改革的市场化方向。1993 年 11 月的十四届三中全会提出 20 世纪末初步建立社会主义市场经济体制,要求加快金融体制改革。2004 年起,交通银行、中国银行、建设银行、工商银行、农业银行先后完成股份制改革并成功上市。1994 年建立全国统一规范的外汇市场,实行以市场供求为基础的、单一的、有管理的人民币浮动汇率制度。2005 年,实行以市场供求为基础、参考一篮子货币进行调节、有管理的浮动汇率制度,实现人民币汇率形成机制上的重大改革。

转变金融宏观调控方面。1993 年全国金融工作会议对金融机构"约法三章"整顿金融秩序。1994 年,正式公布货币供应量指标。1998 年取消信贷规模管理,对商业银行实行资产负债比例管理,标志我国金融调控开始从直接调控为主向间接调控为主转变。

1999 年,中国人民银行设立九大区行和北京、重庆两个营业管理部,按照新的管理体制运行。2004 年对金融机构存贷款利率分别实行上、下限管理,建立了银行间同业拆借利率。

另外,1993 年底,国务院《关于金融体制改革的决定》明确提出我国金融体制改革的"国四条总目标"。1995 年,中国人民银行法、商业银行法、保险法、票据法、担保法等金融法律相继颁布实施,初步形成中国金融法律体系基本框架。2003 年,形成"一行三会"金融管理体制,对金融业实行分业经营和监管。

应该说,改革开放以来,我国深化金融体制改革、完善与社会主义市场经济相适应的金融体制,择机推出了一系列酝酿多年、涉及全局、难度很大的金融改革,深入推进了农村金融体系改革,初步建立多层次金融市场体系,金融基础设施建设得到加强,金融对外开放有力推进。中国货币化率和金融相关率快速提高,金融资产的结构由单一的金融机构资产形态(曾主要表现为贷款),发展为包括银行贷款、债券、股票、保险等在内的多样化金融资产格局。金融工具和金融机构种类都实现了相当程度的多元化,金融工具和金融机构的数量和效率都有很大提高。中国金融改革具有渐进性与探索性特征,这种循序渐进、与整体经济改革配套推进的基本改革思路是完全符合中国国情的正确选择。①

二、金融发展与经济增长

1. 马克思主义经济理论视角

金融本质上是信用。马克思主义信用理论对资本主义金融与

---

① 参见黄达:《金融学》,中国人民大学出版社 2014 年版,第 280—288 页。

经济关系进行了辩证的探讨,认为,信用是一种道德和心理上的信任,它使人们发生借贷关系,它属于经济范畴,反映了建立在货币借贷与偿还能力上的商品经济关系。信用对经济的积极作用主要体现在四个方面:一是信用作为资本积聚和集中的一种"新生力量",扩大生产中投入的资本数量。二是通过信用创造联合的资本,促进股份公司产生。三是由于资本创造价值的时间是不包括流通时间的,所以能节约生产中的总流通时间。四是资本家借助信用获得大量货币资本,并将其投向利润率较高的部门,促进利润率趋向均衡化。信用可能造成的消极影响主要体现在三个方面:一是信用造成买卖分离,会造成对商品过度虚假需求,产生虚假信用或空头信用,助长投机。二是以信用为基础的经济发展中,一旦经济泡沫破裂,整个社会债务链就会中断,引发经济危机。三是随着投机和信用发展,暴富机会不断涌现,导致一些商品生产者获取信用后不用于生产而用于畸形消费,造成资源配置扭曲。[1]　因此,信用和金融发展对经济发展影响不是简单和绝对的利或弊,而是有利有弊,就看如何发展和发展到什么程度。

2. 货币经济增长模型与金融经济增长模型[2]

托宾的货币经济增长模型如下:

$$[s - (1 - s)\lambda n] f(k) = nk$$

其中,s 为储蓄率,λ 为流动性偏好系数,n 为人口增长率,k 为人均资本存量。

由于,$\{[s - (1 - s)\lambda n] f(k) = nk\} < \{sf(k) = nk\}$

---

①　参见李成:《中级金融学》,西安交通大学出版社 2007 年版,第 54 页。

②　参见汪祖杰:《现代货币金融学》,经济科学出版社 2007 年版,第 299—302 页。

　　所以,一方面,把货币引入经济后,可以增加人们的可支配收入,按经济增长模型推论,货币经济的国民收入应该大于实物经济;另一方面,根据货币经济增长模型的推导,货币经济的国民收入却小于实物经济的国民收入。这就形成所谓的"托宾悖论"。

　　汪祖杰运用国民收入与货币发行互为因数的关系构造个人可支配收入模型和人均个人可支配收入模型,对托宾货币经济增长模型改造为信用货币经济增长模型也称金融经济增长模型,如下:

$$sf(y, \lambda ny) = nk$$

　　其中,s、λ、n、k 含义同上,y 为人均可支配收入。

　　由上面的金融经济增长模型可知,由于个人可支配收入采用了函数形式,引入货币发行后的人均收入、人均储蓄均表现为函数形式,表示这些变量之间具有乘数和加速数原理。信用货币的供求关系是经济的内生变量,他们彼此之间是互为影响的关系。

　　金融经济增长模型表明,在货币信用一体化条件下,货币、物价、利率和信用相互作用互为依靠,构成一个非常复杂的经济体系。信用货币经济本质上就是金融经济。金融经济的货币供给政策是信用货币政策,影响货币供给量的因素不仅有货币创造乘数,还有信用创造和加速乘数。金融经济下的经济增长过程是金融的集中资本和加速经济增长的运动过程,即金融对经济的集中功能和加速功能。

　　3. 新增长理论视角

　　随着金融创新速度的不断加快,新的经济金融关系和相互作用关系变得复杂多样,关于金融与经济关系的研究也在不断发展。最初主要有金融对经济的媒介功能、信用创造功能、储蓄向投资转化功能、资源配置功能、提供流动性功能、分散风险功能等方面理论研究成果,虽然不能全面系统地解释金融经济关系,但为后来的研究提供了丰富的思想基础和方向思路。现今的金融与经济关系的研究是在内生经济增长理论分析框架基础上发展起来的,对金融体系内部结构关系、金融对经济作用的内在机制、金融发展与经济增长的相互关系进行了较深入研究,取得了丰富成果。

(1)Pagano(1992)从内生增长理论视角给出了一个简单却颇具说服力的模型,对金融部门的发展如何影响经济增长进行说明。

该模型主要由产出—资本方程、总投资—资本方程、储蓄—投资方程构成。

在产出—资本方程中,总产出 Y 为资本积累 K 的线性函数,即:

$$Y_t = AK_t$$

其中,A 代表资本 K 的边际生产率。

在总投资—资本方程中,当期投资 I 与当期折旧后的存量资本之和形成下期存量资本,即:

$$I_t = K_{t+1} - (1 - \sigma)K_t$$

其中,σ 为折旧率。

在储蓄—投资方程中,金融活动过程中的交易成本客观存在,这使得储蓄转换为投资的过程中存在一定"损失"或"滴漏",仅有部分储蓄形成最终的投资资本,即:

$$uS_t = I_t$$

其中,u 为转化比率。

基于上述三个方程,便可得到内生增长理论中的经济增长,即:

$$g(t + 1) = (Y_{t+1}/Y_t) - 1$$

经过调整,可得经济增长速度的表达,即:

$$g = A(I/Y) - \sigma = Au(S/Y) - \sigma$$

可见,1. 金融发展可以提高储蓄—投资转化水平,如:随着科学技术进步和金融制度完善,金融调解/转化过程的效率(u)提高必将提升转化率水平、增加投资资本供应。2. 金融发展可以提升资本的边际生产率(A),包括:金融中介或金融结构的完善有助于筛选出更加有效率的投资项目或分散非系统性风险,从而实现资本配置效率改善、提升资本边际生产率水平。3. 金融发展有助于完善风险配置机制,改善风险配置结构,提高风险配置能力,从而降低储户的预防性储蓄需求,增加可贷资本供应量,为增加投资资本提供更加宽厚的储蓄基数(S/Y)。所以,经济增长显然受到金融发展的影响。

(2)还可从下面一个包含金融部门的简化的内生技术进步增长模型加以说明。[1]

设商品的生产函数为:

$$x^{ij} = [A^i k^{\alpha'}_{xij} k^{\alpha''}_{xij} \varphi(k'_j \cdot)] z^{\beta'}_{ij}, \quad 0 < \alpha', \ \alpha'', \ \beta', \ \beta'', < 1$$

上式中,下标 x 指商品(最终物品)部门,i 指企业,j 指国家。$\varphi(\cdot)$ 由企业知识差异对企业生产的贡献决定,且与世界各国的最高资本密集度相关。$z^{\beta'}_{ij}$ 代表第 i 个企业使用实际余额得到的好处。企业还利益于整个经济广泛使用实际余额的外部性,用 $z^{\beta''}_j$ 项表示,因而货币在生产技术中的社会作用可以明显看出来。

----

① 参见[加]杰格迪什·汉达:《货币经济学》,中国人民大学出版社 2005 年版,第 793—794 页。

关于经济的人均生产函数,假设所有企业都相同,有:

$$x_j = A_j k_{ij}^{\alpha} \varphi(\cdot) z_j^{\beta}$$

其中, $\alpha = \alpha' + \alpha''$ 且 $\beta = \beta' + \beta''$, β 或大或小于1。

资本的生产率现在是:

$$\frac{\partial x_j}{\partial k_{xj}} = \alpha A_j k_{xj}^{x-1} \varphi(\cdot) z_j^{\beta}$$

所以,资本生产率在货币经济中比在以物易物经济中高,而且如果金融部门有更大的产出,资本生产率还会更高。因此,有效率的金融中介鼓励商品部门的物质资本投资。反过来,对于生产企业来说,金融部门服务的边际生产率是:

$$\frac{\partial x_j}{\partial z_j} = \beta A_j k_{xj}^{\alpha} \varphi(\cdot) z_j^{\beta-1}$$

这在资本密集度更大的经济中更高,从而对资本密集度较大的经济比资本密集度较小的经济使用更多的金融中介产生了一种激励。由以上各式也很明显地看出,在既定的经济中,具有较高资本—劳动比率或较高 A 和 α 值的部门(因而其劳动和资本的生产率较高),实际余额生产率更高,对实际余额的需求更大。

可见,金融中介与生产部门的需要联系得越紧密,金融中介提供的服务越便宜,金融机构被使用的数量将越大,资本的收益、人均产出以及前稳定状态产出增长率越高,因此,有效率的金融部门在经济中能发挥重要作用。

(3)由于金融发展并不必然带来有效资本(有形资本和人力资本)增加,也不能保证金融发展带来的有效资本充分合理配置到实体经济中去,所以,金融发展可能形成资产价格泡沫,也可能形成债务期限错配,甚至因金融资产膨胀导致金融危机,对经济增长产生不利影响。因此,金融发展与经济增长的经验和实证研究形成了不同的结论。一是金融发展有助于促进经济增长。如:金和莱文(King and Levine)①、伯克和莱文(Beck and Levine)等,均证实了金融发展对经济增长的促进作用。二是金融发展未必有利于经济增长,其更多是经济增长的结果。如塞恩格(Singh)证明股票市场发展无助于经济增长。但股票市场并不是金融发展的全部内容。② 三是金融发展与经济增长存在互为因果和相互促进的关系。如我国王志强和孙刚发现金融发展与经济增长之间有因果关系。③

4. 中国金融发展与经济增长

韩廷春(2001)指出,要想技术进步与制度创新真正促进中国经济增长,甚至起到最关键作用,就需要金融体系及其发展将有效资本尽可能配置到相应领域。④ 王晋斌(2007)发现,区域的金融控制越弱,其金融发展越有利于经济增长;反之,金融发展则可能阻碍经济增长。⑤ 可见,理论逻辑得出的结论未必得到经验证据的支持,其本质源于金融发展能否与经济增长模式相匹配。

---

① 参见 King and Levine, Ross. 1993:"Financial Intermediation and Economic Development", in Financial Intermediation in the Construction of Erope.eds.Colin Mayer and Xavier Vives. 156-89. Beck et al, 2000:"Finance and the Sources of growth". Journal of Financial Economics 58(1-2):261-300。

② 参见 Singh, 1977:"Financial Liberalisation, Stock markets and Economic development", the economic journal(107):771-782。

③ 参见王志强、孙刚:《中国金融发展规模、结构、效率与经济增长关系的经验分析》,《管理世界》2003 年第 7 期。

④ 参见韩廷春:《金融发展与经济增长:基于中国的实证分析》,《经济科学》2001 年第 3 期。

⑤ 参见王晋斌:《金融控制政策下的金融发展与经济增长》,《经济研究》2007 年第 10 期。

　　中国经济增长与宏观稳定课题组(2007)提出①,由于脱胎于计划经济,我国改革开放初期的金融发展水平较低,缺乏完善的金融市场为"追赶型战略"提供资本支持,因此,我国通过宽松的货币政策和国家对银行存款的隐性担保,动员全民储蓄进行信用扩张,为经济主体提供融资,促进了经济高速或超高速增长。这种金融安排被称为"动员性金融",其是促进早期中国经济增长的重要金融手段。遗憾的是,由于逆向选择和道德风险的存在,动员性金融难以长期持续。随着我国经济增长模式的必然转型,金融发展模式和目标也必须与其相适应和相匹配,市场化配置金融资源将是必然的选择和导向。武志(2010)提出,就某个时间段而言,金融发展能够促进经济增长;但从长期看,金融发展内生动力却只能来源于经济增长。② 事实上,与其他领域的改革相比,中国金融领域改革的进展既紧紧跟随经济改革推进,也随着中国经济改革和发展取得的巨大成就而不断向前突进。在当前中国处于经济发展新常态的大背景下,正积极推进供给侧结构性改革,努力实现经济发展方式的根本转变,目前中国金融正是迫切需要进一步转型发展,以更好推动经济改革和发展的关键领域之一。

三、金融结构与经济增长

1. 金融结构与金融体系:银行主导型与市场主导型

　　戈德史密斯(Goldsmith)《金融结构与金融发展》提出,金融结

---

　　①　参见中国经济增长与宏观稳定课题组:《金融发展与经济增长:从动员性扩张向市场配置的转变》,《经济研究》2007 年第 4 期。
　　②　参见武志:《金融发展与经济增长:来自中国的经验分析》,《金融研究》2010 年第 5 期。

构是各种金融机构和金融工具的相对规模,既包括金融与实质经济的配比关系,也包括各类金融机构和金融工具在金融资产中的比例关系。金融发展意味着金融结构的变化,其现实路径就是以金融机构和金融工具多样化为表现形式的货币替代进程。金融发展与经济发展的关系为:金融机构与金融工具种类越丰富,金融活动对经济的渗透力越强,经济发展越快;发达的金融结构通过提高储蓄、投资总水平和有效配置资金两条渠道对经济增长起促进作用。通过大量的计量分析,戈德史密斯得出金融发展的规律,认为金融发展就是金融结构的变化和演进,虽然各国的金融结构不同,但金融发展的道路基本一致。金融结构的优化包含金融机构类别与构成的优化和金融工具种类与规模的扩张。金融工具多样化发展有助于提高金融中介效率,而金融工具多样化依赖于金融机构的多样化发展。[①] 可见,金融机构的多样化发展即金融机构类别与构成的优化是金融结构变化、演进和金融发展的关键和核心内容。

　　金融体系是由金融市场、金融中介机构(金融部门)、融资模式、监管体制等相互关联的部分组成的一个复杂系统。不同国家金融体系之间的区别,不仅是构成之间存在差别,而且构成部分之间的相互关系、协调关系也存在一定的差异。金融体系的建立与国家经济发展水平、经济体制、信用发达程度等有密切联系。随着经济发展,金融结构和金融体系也将发生演变。根据金融中介机构与金融体系的作用不同,金融体系大致可分为两种类型:一种是

---

　　① 参见李成:《中级金融学》,西安交通大学出版社 2007 年版,第 82—84、401—403 页。

以美国为代表的、以市场为基础的、直接融资为主的、市场主导型金融体系;一种是以德国为代表的、以银行为基础的、间接融资为主的、银行主导型金融体系。

在银行主导型金融体系中,社会融资更多来源于金融中介或商业银行,且银行业具有较为垄断的产业结构。德国、日本、中国等是这类金融体系的代表。在市场主导型金融体系中,社会融资更多来源于金融市场,是投资者直接面向资金提供方形成的金融市场。市场主导型金融体系中的不同金融市场与银行中介机构之间,或不同中介机构之间均具有较强的竞争性。美国、英国是这类金融体系的代表。在两种不同类型金融体系的经济体中,投资者投资决策的思维模式和效果是不同的。在市场主导型金融体系的经济体中,投资者倾向于通过市场交易的方式直接面对被投资项目,相信并根据自己的判断和投资直觉,自主进行投资决策,往往不是仅仅依靠大量标准化的历史信息进行决策。相比之下,在银行主导型金融体系的经济体中,大量投资决策是由商业银行作出的,其作为金融中介,更多是代表众多储户或购买理财产品的投资者,这就使得其很难仅仅依靠自身的专业判断和直觉作出投资决策,而是主要依靠标准化的历史信息和严格投资决策程序进行决策,以尽可能遵守"商业判决规则"行事,避免事后追责时自身处于不利地位。因此,如果发展前途较好但风险较大的项目想从商业银行获得融资,当观点多样化分散时,商业银行管理者难以作出有效决策。如果项目风险较低且存在较一致观点,商业银行倾向于利用其规模优势为项目提供融资成本更低的资金。正如艾伦(Allen)所指出的,在发展新兴产业方面,在市场主导型金融体系的经济体如英国和美国更容易取得成功;在成熟产业扩张方面,在银行主导型金融体系的经济体如德国和日本更容易取得成功。以汽车产业为例,汽车最初发明于德国,但汽车作为新兴产业发展取得巨大成功却是在美国,再后来则是日本和德国成熟汽车产业扩张上的后来居上。

2. 金融结构与经济增长:中国的实践和改革取向

由于银行和金融市场解决道德风险所选择的机制存在差异,对技术普及和经济增长的影响不同,进而引起不同的金融结构带来不同的增长绩效。① 中国经济增长与宏观稳定课题组(2007)提出,由于我国改革开放初期的政府主导和国有企业为主的制度安排,所以选择了银行主导型下的动员性金融,减少了投资方和融资方之间的市场交易成本,为"初次扩张型"和"追赶标杆型"的经济增长模式②提供了大规模的资金供给,解决了内源融资不足、外源融资渠道匮乏的窘境。随着政府对市场直接干预的不断减少和非国有经济整体规模及占比的日益提升,我国逐渐成为以公有制经济为主体、多种所有制经济共存的、向"前沿拓展型"转型的经济体,因而金融结构必将从银行主导型向市场主导型演进。以上观点也得到彭俞超(2015)证实,彭俞超的文章基于1989—2011年46个国家(地区)的面板数据,发现在金融功能相对更完善的经济体中,市场导向型的金融结构演进更有利于促进经济增长。

---

① 参见殷剑峰:《金融结构与经济增长》,人民出版社2004年版,第63页。

② 刘世锦(2016)指出,对后发经济体而言,经济增长模式可以概括为三种类型,即:初次扩张型、追赶标杆型和前沿拓展型。初次扩张型是指后发经济体利用已有的某种技术,将生产活动扩展到新的领域,属于已有技术的平面扩张。追赶标杆型是指已经采用某种技术的领域或行业,相对落后的企业缩小与领先企业差距的活动。前沿拓展型是指产生人类社会未曾有过的新技术,向前拓展已有的增长可能性边界,亦称"源头创新"或"原始创新"。

Aghion 等(2007)在研究金融市场对企业的影响时指出,不同规模的企业受金融市场的影响差异较大,对外部融资依赖较严重的产业,高度发展的金融市场能够促进新企业的进入,新进入企业的规模越小越受益于高度发展的金融市场,而对于大企业的进入,要么没有作用、要么起负面作用。对处于经济增长模式转型期的中国来说,一是不少企业建立时间还不长,其内源融资严重匮乏;二是国有企业从竞争性行业和领域的退出,迫切需要更多非国有经济体逐步补充留出的市场空间;三是随着创业门槛的逐步降低和对外开放度的日益提高,越来越多的创业者将不断培育和发展出更多规模较小、人数较少但数量巨大的经济体。这些越来越多的企业和经济体大量需要来自市场主导型的资本供给。因此,中国金融改革和发展的取向将是以市场化法则重塑金融体系,从根本上确立金融体系运作的规则和秩序,建立以资本市场为基础、商业银行为主导的开放有效的、运作有序的现代化金融体系,充分发挥市场机制在配置金融资源方面的基础性作用,要大力发展中国特色社会主义的、健康稳健的、多样化金融市场,为越来越多的多元化市场主体提供不断增加的金融市场直接融资的规模和比例。

第四节　中国经济转型的企业创新驱动

一、经济增长转型、供给侧结构性改革与创新驱动主体

中国经济进入新常态,经济发展长期向好的基本面没有变,但面临速度换挡节点、结构调整节点、动力转换节点带来的诸多挑

战。中国在发展进程中积累了一系列不平衡、不协调、不可持续性问题,特别是结构性问题突出,原先着眼于短期需求侧管理思路和办法不能从根本上解决进一步发展中的问题,原有的经济增长模式形成的新的成本条件和需求条件正趋于定型,已经成为当下经济增长和发展方式转型、产业结构调整和经济管理模式调整的先决条件。党的十八大以来,中央从顶层设计上逐步明确进一步改革创新的方向和思路,尤其是在转变经济发展方式、调整经济结构、实施创新驱动发展战略基础上,创造性地提出了供给侧结构性改革的思路,在适度扩大总需求的同时,着力提高供给体系质量和效率,增强经济持续增长动力,必将推动我国社会生产力水平整体提升。

　　供给侧结构性改革,是事关中国经济社会持续健康发展的一场重要的深刻变革。改革的出发点在供给侧,即通过矫正要素配置的扭曲,提高供给质量,扩大有效供给。改革的重点是结构调整,提高供给结构对需求变化的适应性和灵活性。改革本质上是要提高全要素生产率和社会生产力水平,最终目标是更好满足广大人民群众的需要,实现以人民为中心的经济社会持续健康的发展。结构性改革的深层本质是调整生产力结构。对社会经济系统的结构性改革,最深刻的层次就在于调整生产力结构。产业结构和技术结构是决定生产力结构性质和状况的基础,技术结构的根本性变化发挥主导性作用。因此,创新尤其是技术创新对促进生产力发展起着根本的决定作用。这也是为什么党的十八届五中全会提出的五大理念之首即为创新的深层原因。创新驱动发展战略对供给侧结构性改革起着决定性作用。结构性改革的社会本质是调整所有制结构。供给侧结构性改革必然带来生产资料所有制结构的新变化和新要素。结构性改革的利益关系体现在分配结构调整。收入分配改革牵动人心,关系长远。十八届三中全会提出的形成合理的收入分配格局,五中全会提出的实现共享发展的理念,正是对分配结构调整提出了新的更高和更迫切的要求。结构性改革的动因源自需求结构的深刻变化。中国经济发展新常态的需求方面特征主要是需求的结构性变化。需求结构由个人偏好和国家政策导向共同决定。因此,引导人们确立正确的个人消费观念,制定科学、稳定、连续的经济政策,是建立合理的需求结构的关键。结构性改革的着力点是调整供给结构。中国经济发展新常态的供给方面特征主要是供给的结构性变化。供给侧结构性改革正是要着力改善供给结构和供给体系的效率和质量,以适应需求结构的变化。

　　党的十八大报告提出"加快完善社会主义市场经济体制和加快转变经济发展方式,要保证各种所有制经济依法平等使用生产要素、公平参与市场竞争、同等受到法律保护;实施创新驱动发展战略,着力构建以企业为主体、市场为导向、产学研相结合的技术创新体系;提高大中型企业核心竞争力,支持小微企业特别是科技型小微企业发展"。十八届三中全会进一步提出"要不断增强国有经济活力、控制力、影响力,激发非公有经济活力和创造力;完善产权保护制度,公有制经济财产权和非公有制经济财产权都不可侵犯;推动国有企业完善现代企业制度;支持非公有制经济健康发展,坚持权利平等、机会平等、规则平等,废除对非公有制经济各种形式的不合理规定,消除各种隐性壁垒,制定非公有制企业进入特许经营领域具体办法;加快完善现代市场体系,建立公平开放透明的市场规则,实行统一的市场准入制度,在制定负面清单基础上,种类市场主体可依法平等进入清单之外领域;深化科技体制改革,建立产学研协同创新机制,强化企业在技术创新中的主体地位,发挥大型企业创新骨干作用,激发中小企业创新活力,改善科技型中小企业融资条件等"。2015年底以来,习近平提出并阐述了供给侧结构性改革新思想,指出推进供给侧结构性改革是适应和引领经济发展新常态的重大创新。要求进一步完善市场机制,调整各种扭曲的政策和制度安排,矫正以往过多依靠行政手段配置资源带来的资源配置扭曲,进一步激发市场主体在结构性改革中的动力和活力;鼓励和支持各种所有制企业创新发展,保护各种所有制企业产权和合法权益;扎实有效推进"三去一降一补"五大重点任务,帮助企业降低成本,使企业轻装上阵,激发活力;支持企业提高技术改造投资能力,培育发展新产业,加快技术、产品、业态等创新。供给侧结构性改革的主要目标有五项,即:降低企业融资成本,增强金融对实体经济支撑能力,进一步简政放权、助力创业创新,搞活微观、增强企业竞争力,减轻企业税费负担。总而言之,以上论述充分表明,在中国经济发展新常态下,加快转变经济发展方式、调整产业结构和经济结构、推进供给侧结构性改革和实施创新驱动发展战略中,作为市场经济主体、科技创新主体、供给侧供给主体的企业,在企业创新和创新驱动中具有重要的特殊地位和作用。中国经济增长和发展方式的转型、中国创新驱动发展战略的实施,最终都要体现到企业创新和企业创新驱动上来。

熊彼特提出的创新主要包括新产品、新的生产方法、新的供应源、开辟新市场以及新的企业组织形式,他将创新定义为现有资源的重新组合,其早期观点认为,这种工作是企业家的职能,企业家在创新成功中发挥着重要作用(被称为熊彼特模式Ⅰ),其后来的观点是,强调大企业在创新中的重要性(被称为熊彼特模式Ⅱ)。①
在创新系统中,最主要的构成要素是组织和制度,而企业被认为是
最重要的组织,企业是创新和创新驱动的真正主体。要充分发挥
创新驱动主体企业的作用,从"宏观激活"的政府功能出发,就是
围绕国有企业、中小企业和小微企业的发展诉求,引导、激发、推进
向社会提供商品和服务的多层次企业主体创新搞活②,并为其提
供较为公平、公正和良性的市场竞争环境,以提高全社会整体生产
力水平。从"微观搞活"的创新主体出发,就是以企业科技、产品、
组织等全方位创新,进一步挖掘潜力,提高产品和服务供给的质量
和效率,切实提高全要素生产率水平,增强自生能力③、增强核心
竞争优势和国际竞争力。

　　就国有企业创新和创新驱动而言,关键是配合政府的职能转

---

　　①　参见[法]詹·法格博格、戴维·莫利、理查德·纳尔逊:《牛津创新手
册》,知识产权出版社 2009 年版,第 183 页。
　　②　由于创新者无法将这些效益完全内部化,私人企业的研发和培训投资很
可能会投资不足。这种情况在信贷市场存在缺陷或经济衰退时,表现尤为明显。
在此情况下,政府作为创新行为的共同投资者(co-investor),支持、引导和投资各
种创新活动就显得非常重要,这也成为我国近期推出供给侧结构性改革的基本
逻辑。
　　③　林毅夫(2001)提出,自生能力是指在一个自由、开放和竞争的市场中,一
个正常运营的经济体企业,在无须持续接受外部补贴或政策扶持的情况下,能够
凭借自身能力赚取社会可接受的正常利润的能力。其中,自由是指可以自由进出
市场,开放是指国内与国外市场相联系,竞争是指没有来自政府行政干预的市场
垄断,正常运营管理是指企业合法合规运作且不存在违法违规行为,正常利润是
市场可以接受的、能够维持企业持续运作的利润。因而,判别企业是否在创造价
值,就是认定其是否具有自生能力。长期来看,在开放的、自由进出的市场经济条
件下,企业自生能力往往取决于其能否利用自身拥有的资源、信息、技术、人力资
本等禀赋,形成与其他同类或相近的竞争者或潜在进入者的竞争优势,从而获得
正常利润、实现正常运营。

变、行政体制改革和行政管理方式创新,进一步健全现代产权制度,完善以管资本为主的国有资产管理体制,推进混合所有制改革;进一步完善现代企业制度,以规范经营决策、资产保值增值、公平参与竞争、提高企业效率、增强企业活力、承担社会责任为重点,进一步深化国有企业改革,健全协调运转、有效制衡的公司法人治理结构;推进建立职业经理人制度,更好发挥企业家作用,深化企业内部管理人员能上能下、管理层薪酬、待遇等激励约束机制,健全国有企业员工进入/退出机制等重点改革内容,使得国有企业和国有资本不断提升核心竞争优势,履行特定公共职能。就中小企业和小微企业而言,与创新和创新驱动密切相关的关键因素主要有两个,即融资成本问题和公平竞争问题,将在本节下面第二、三两部分分别论述。关于国有企业、中小企业和小微企业创新和创新驱动的更详细讨论、分析和研究则构成本书第四、五、六章的主要内容。

二、信息禀赋、融资成本与融资渠道

1. MM 定理、信息不对称与融资成本

莫迪利亚尼和米勒(Modigliani 和 Miller)提出,在无摩擦的完美市场中,公司价值与资本结构(负债比率)无关。[1] 该理论被称为 MM 定理,其分析框架为探讨公司债权融资和股权融资指明了方向,也为现实中的融资渠道选择提供了理论基准。但该理论因其"完美市场"假设,使其实践解释能力有局限性,尤其是在解释

---

① 参见 Modigliani and Miller.1958:"The Cost of Capital, Corporation Finance and the Theory of Investment",American Economic Review 48(3):261-297。

公司融资次序方面局限更甚。对此,梅耶斯和梅基拉夫(Myers 和 Majluf)从信息不对称角度进行了研究①,发现公司一般首先偏好于内源融资,其次是债权融资,再次是股权融资,根本原因在于信息不对称所带来的风险溢价不同。在不考虑交易成本情况下,股权融资面临的风险最大,故其融资成本最高;债权融资面临的风险次之,其相应的融资成本也居中。

　　詹森和麦克林(Jensen 和 Meckling)将企业内部信息传递区分为特定知识和一般知识,且将特定知识界定为传递成本较高的知识,将一般知识界定为传递成本较低的知识。② 据此推断,只有将决策权力配置给掌握特定知识的人,才能尽可能降低信息传递的交易成本。皮特森(Petersen)对特定知识和一般知识又进行了深入研究,提出硬信息和软信息概念,并从特征、收集方式和认知因素等方面进行综合比较。③ 其中,硬信息相当于一般知识,软信息相当于特定知识。斯特因(Stein)研究证实,若投资决策依赖软信息,则分权(Decentralized)的组织结构优选;反之,集权(层级)的组织结构更为有利。④ 博格尔和安戴尔(Beger 和 Undell)研究发现,商业银行根据所掌握的信贷客户信息不同,为不同类型的客户

----

① 参见 Myers and Majluf.1984:"Corporate Financing and Investment Decisions When Firms Have Information that Investors do not Have", Journal of Financial Economics 13(2):187-221。

② 参见 Jensen and Meckling.1992:"Specific and General Knowledge and Organizational Structure". In Contract Economics, edited by L. Werin and H. Wijkander. 1992。

③ 参见 Petersen.2004:"Information:Hard and Soft", Working Paper。

④ 参见 Stein.2002:"Information Production and Capital Allocation", Journal of Finance57:1891-1921。

选择相应的贷款类别。① 对存在较多硬信息的客户,商业银行利用财务报表、信用评级、银行征信等历史信息进行贷款技术综合评分,为其提供交易型贷款;对存在较多软信息的客户,商业银行更多使用其与客户长期多渠道的接触中所积累的非标准化历史信息,为其提供关系型贷款。因而,若以软信息和硬信息作为权力配置基准,中小企业和小微企业因缺乏标准化的历史信息,其贷款类型更多为关系型贷款,且更多由中小银行或同等决策距离②的商业银行支行所提供,这也为博格尔等(Beger 等)所证实。

2. 信息禀赋、期望收益率与融资渠道

基于历史信息的软、硬不同,最适宜的融资来源及其决策过程存在较大差别。尽管这种差别更多体现为决策主体的组织结构,但其本质还是因为有大量的历史信息就可以获得债权融资。如果企业原本不存在历史信息或者历史信息非常少,不足以打动中小银行,又该如何解决融资问题呢? 艾伦和盖尔(Allen 和 Gale)将软信息和硬信息的分析框架引入投资决策过程,将其作为理解债权融资和股权融资区别的工具,并指出不同类型的投资者依据项目的信息禀赋确定其期望收益率,最终形成市场对该项目的预期收益率。③

一方面,奥曼(Aumann)提出,若给定不同主体对同一事件具

---

① 参见 Berger and Udell,2002:"Small business credit availability and relationship lending",The Economic Journal 112:32–53。

② 同等决策距离是相对于直接具有贷款权限的中小银行,其业务应在地方支行权限范围内。

③ 参见艾伦、盖尔:《比较金融系统》,中国人民大学出版社 2003 年版,第309—314 页。

有相同的先验概率,但其基于私人信息的后验概率是共同知识,则这些主体拥有共同的后验概率。① 对传统产业来说,大量历史信息形成了共同知识。这有助于不同的投资者形成共同的后验概率,进而就具体的投资决策达成一致。戴蒙德(Diamond)研究证实,为减少一致信息的重复处理成本,商业银行(间接融资)集中不同投资者的资金,代为履行投资决策,从而发挥信息处理的规模优势,降低融资成本(提升预期收益率)。②

另一方面,如果不同主体所观察到的信息相当复杂,则为达成一致,需要重复交流的次数将显著增加,但其重复交流所传递的有效信息量则随之减少,以至很难通过交流达成一致。对新兴产业,相关信息的匮乏(不存在或很少)使得不同的投资者很难有共同的先验概率和共同知识,由此诱发出多样化的投资行为(观点),③从而使得商业银行难以发挥处理信息的规模优势并为新兴产业融资。与此同时,多样化的投资行为为新兴产业融资提供可能,再辅以较为个性化的深度介入和信息交流,及相关保护性条款和风险控制手段,可能为一些新兴产业项目提供资金支持。

这里的信息禀赋可分为三类,即:硬信息、软信息和薄信息。其中,硬信息主要包括主营业务、盈利模式、财务报表、资产等为公允价值提供参考的历史信息;软信息主要包括核心骨干履历、团队

---

① 参见 Auman,1976:"Agreeing to Disagree",Annals of Statistics 4:1236-1239。

② 参见 Diamond,184:"Financial Intermediation and Delegated Monitoring",The Review of Economic Studies 51,No(3):393-414。

③ 这里涉及的多样化投资行为(观点)更多是基于个人知识的理性判断,其实质是将单一的商业银行大规模集中投资决策划分为多元的分散投资,有助于信息不足的项目获得资金支持。

创新精神、核心技术和商业模式(未被市场认可)等难以为公允价值评判提供可靠参考的相关信息;薄信息是软信息中那些信息少到可以忽略、甚至没有为判断公允价值提供参考的相关信息。故而,拥有诸多硬信息的传统产业或成熟企业,更多是通过商业银行或发行债券进行融资;拥有相当软信息的较为成熟的中小企业,商业银行和股权融资均为其备选方案;那些仅拥有薄信息的、尚处于起步阶段、商业模式仍然模糊的小微企业(有国家政策扶持的除外),其可行的办法就是股权融资或天使投资。

因此,就中小企业来说,一方面要通过建立多层次金融市场,着力缓解中小企业融资难问题。对成熟型中小企业,引导和支持地区性中小商业银行为其提供本地化服务;对创新型中小企业,引导和鼓励天使投资、风险投资和私募股权投资为其提供融资来源;对成长性中小企业,引导和支持其通过新三板、创业板或中小企业板等资本市场融资。另一方面要利用政府层面资源优势和信息优势,建立健全中小企业社会信用评价体系。立足现有税收信息、银行往来账、民政服务及相关员工信息,将中小企业的相关信息整合建立云平台系统,形成中小企业征信系统平台,为中小企业融资、资金支持和政策引导等提供数据支撑。就小微企业来讲,在利用公共服务职能和创业创新平台基础上,重点解决其融资渠道和方式问题。一方面要根据小微企业的规模大小、业务类型和发展阶段,为其提供融资成本较低、符合实际需求的资金供给渠道,如:依托核心企业的供应链融资平台、依托行业协会的产业集群融资平台、依托关键中间人(居间人)的关系型融资平台及创业创新企业引导基金等。另一方面要根据小微企业资金需求的规模、周期和流量,为其提供融资担保平台和政府增信渠道;必要时由政府提供引导资金或贴息,支持和鼓励金融或类金融机构为小微企业提供融资服务。

三、经济增长、全要素生产率与非国有企业

1. 科技进步、全要素生产率与经济增长

马克思主义经济增长理论很重视科技的作用,认为科技能够导致劳动力和有形资本发生革命性的质的变化,从而大大提高劳动效率和有形资本的效率,进而大幅度提高社会劳动生产率,经济结构不断创新,经济社会产出总量不断增长。西方主流经济学自从发现了"索洛余值",才开始给予技术进步在经济增长理论中的重要地位。"索洛余值"被索洛归结为技术进步的贡献,这里的"技术进步"就是指"全要素生产率";舒尔茨将"索洛余值"归因于"资源生产力",意即劳动效率和有形资本效率等的提高,同样指的是全要素生产率提高。技术进步即全要素生产率如何转化为生产力呢? 马克思主义经济理论认为,是通过教育使科学技术"人化"于劳动者和通过研究开发使科学技术"物化"于生产资料,成为改变生产力要素的质,发挥一般要素投入所不能发挥的"革命性"作用而实现的。西方人力资本理论以及由此发展起来的新增长理论或称内生增长理论对此作出了与马克思主义经济理论类似的解释。[①]

西方经济理论中的经济增长核算方程可以表示为:

$$\frac{\Delta Y}{Y} = \alpha \times \frac{\Delta N}{N} + \beta \times \frac{\Delta K}{K} + \frac{\Delta A}{A}$$

[①] 参见蒋学模,《高级政治经济学——社会主义本体论》,复旦大学出版社2001年版,第203—204页。

其中的 $\triangle A / A$ 即索洛余值，A 即为全要素生产率。

该方程表明：经济增长的源泉可被归结为劳动和资本两种生产要素的增长和全要素生产率增长率（由技术进步形成）。

丹尼森对经济增长因素的分析中，将经济增长的因素分为生产要素投入量和生产要素生产率两大类，前者是劳动、资本等的投入量，后者主要取决于资源配置状况、规模经济和知识进展。其知识进展包括的范围很广，如：技术知识、管理知识的进步，由于采用新的知识而产生的结构和设备的更有效的设计，从研究、发明或观察、经验中得来的知识等。其中，管理知识指广义的管理技术和企业组织方面的知识，他强调管理知识与技术知识同等重要。他在《1929—1982 年美国经济增长趋势》中对美国经济增长因素进行了考察和分析，得出的一条重要结论是，知识的进展解释了技术进步对经济增长的约 2/3 的贡献，是最重要的增长因素。据有关数据计算，1950—1996 年，美国实际 GDP 增长平均为每年 3.2%，其中的 0.9%是由于资本存量的增加，1.2%是由于劳动投入的增加，1.1%是由于全要素生产率的提高。[①]

林德贝克（2013）将包含技术模仿和高投资的经济追赶体系称为"改良式的工程设计"（Improving Engineering）。他认为，在成为技术前沿者之前，这种追赶体系发挥出积极作用，成就了日本战后经济增长的辉煌；但当处于技术前沿或追赶空间不足时，如果没有自主创新和技术进步支持经济转型，原有体系则可能成为创新型增长的障碍，抑制全要素生产率提升。[②] 1990—2000 年间的日

---

① 参见高鸿业：《西方经济学》（第三版），中国人民大学出版社 2005 年版，第 689—693 页。

② 参见林德贝克：《政府与市场》，《比较》2013 年第 5 期。

本经济停滞,主要原因也在于全要素生产率的表现不佳。[①]

从经济体长期增长看,全要素生产率越来越成为经济增长的不竭源泉。在科技进步日新月异,劳动和资本要素投入对经济增长贡献份额日趋下降的现代背景下,要更多依靠提高劳动效率、有形资本效率等,也就是要主要依靠技术进步即全要素生产率提高实现经济增长,这是当代经济增长和发展的内在要求和必然选择。

2. 全要素生产率与我国非国有企业发展

1949 年新中国成立至 1978 年底改革开放之前,中国的所有制经济发生了几次大的变革。到 1978 年底,国有经济占 56%,集体经济占 43%,个体经济占比不到 1%,没有私营经济。在工业结构中,国有工业占 77.6%,集体工业占 22.4%。实践证明,这种超越发展阶段的单一公有制经济结构不符合我国现实生产力的状况。改革开放以后,随着思想的不断解放和改革的不断深化,中国的基本经济制度也在不断进行着调整。党的十五大正式提出“公有制为主体、多种所有制经济共同发展,是我国社会主义初级阶段的一项基本经济制度”。十八届三中全会进一步提出“公有制经济和非公有制经济都是社会主义市场经济的重要组成部分,都是我国经济社会发展的重要基础”。非公有制经济和非国有企业获得巨大发展。2014 年底,全国非公有制经济占 GDP 比重超过60%,税收贡献超过 50%,新增就业贡献超过 90%,在支撑经济增长、增加税收、扩大就业、满足人们多样化需要、促进创新等方面发

① 参见 Hayashi, Fumio and Edward C. Prescott. 2002:"The 1990s in Japan:A Lost Decade",Review of Economic Dynamics 5(1),206-235。

挥重要作用。①

　　在我国社会主义市场经济中,作为微观基础的企业,不仅有国有企业,还有大量的非国有企业,包括集体所有制企业和其他非公有制企业(如民营企业、外资企业等多种形式)。在对非公有制企业的认识上,对于其能否作为社会主义市场经济的微观基础,我们经历了一个不断深化的过程,与此相应,非公有制企业也经历了一个几乎从无到有再到大发展的过程。改革开放前,我国国有部门在全部城市就业量的占比高达80%,主导了绝大部分非农业活动及工业产量的75%以上。非国有部门主要由集体企业组成,包括城市集体企业和农村集体企业。其中,前者被局限于生产少量消费品、为市民提供社区服务,后者只能为农业部门制造相关生产资料。改革开放不断深化中,我国在理论和实践的结合上逐步认识到,作为社会主义市场经济微观基础的不仅仅是国有企业、各种形式的公有制企业,还包括大量的非公有制企业。特别是农村家庭联产承包责任制改革取得成功之后,我国政府逐渐推行两轮非农业部门的市场改革,即:引入价格双轨制和地方财政包干制。价格双轨制的引入既为非国有企业提供了生存空间,也催生了一批原来并不存在的企业组织形式,如:小型民营企业、经济特区的外资企业,从而丰富了非国有企业的组织形式。地方财政包干制既为省市县三级政府控制大多数原有国有企业提供依据,也便于地方乡镇级政府直接控制扎根于农村的集体企业,形成所谓的"乡镇企业"。经此改革,非国有企业中的乡镇企业异军突起,乡镇企业

---

　　①　参见顾海良、王天义:《读懂中国发展的政治经济学》,中国人民大学出版社2017年版,第61、64页。

数量大幅增加。2001 年中国加入 WTO,我国开始削减关税、扩大对外贸易,逐步允许国外直接投资(FDI)。1998 — 2007 年,在城市就业总量中,民营企业和外资企业的合计占比已从 1998 年的8%迅速提升至 2007 年的 24%,其年均增速达 30%。2007 年,城市中制造业所容纳的就业量有 51%来自民营企业。如今,以中小企业为主体的民营经济已成为国民经济最活跃的经济体,在国民经济和经济增长中所占比重大幅提升。《中国中小企业 2012 蓝皮书》显示,2011 年,中小企业已占全国企业总量的 99%。中小企业吸纳城镇就业岗位高达 75%,较 2007 年的 51%又有大幅度上升。2013 年底,我国约有 70%的技术创新、65%的国内发明专利、80%以上的新产品来自中小企业,其中 95%以上是非公有制企业。①

　　马克思主义经济理论认为,逐步实现全体人民的共同富裕是社会主义生产的目的,解放和发展生产力是实现这个目的的现实基础,实现这个目的的主要途径是靠提高劳动生产率,如提高劳动者生产技术的平均熟练程度,提高科学发展水平并把它运用在生产工艺上,改革生产过程的社会结合即改进社会生产各部门、各企业的专业化、协作化和改进一个企业内部的劳动组织,充分发挥生产资料的效能以及改善和充分利用生产的自然条件等,其中最关键的是科学技术的发展和运用。内生经济增长理论认为,技术进步是经济长期增长的最重要因素。而代表技术进步的全要素生产率的提升主要依赖于科技创新、过程创新、组织创新、产品创新和

①　《〈中共中央关于全面深化改革若干重大问题的决定〉辅导读本》,人民出版社 2013 年版,第 68 页。

制度创新等多种创新行为①。在实践上,这些创新行为的最重要主体就是企业,包括承担了绝大多数就业人口的非国有企业。改革开放以来,我国全要素生产率年均增长率达 3.61%。在此过程中,非国有部门所承接的非农就业总量占比逐渐提升,如:1978 年仅为 48%,2007 年则上升到 84%。在 1998—2007 年,国有部门全要素生产率年均增长率达到 5.50%,尽管非国有部门年均只有约3.67%,但这是在 1998—2000 年国有企业实施"抓大放小"战略而大幅收缩战线基础上的。有数据显示,2007 年,国有部门的就业量在城市服务业总就业量中仍占 77% 左右,但在制造业中的占比则降低至 15%。② 由历史经验可以得出,中国长期经济增长取决于创新转型及其全要素生产率提升,其中,非国有部门发挥了重要作用。

　　尽管非国有部门已成为我国经济增长和转型发展的中坚力量,但长期以来由于其所有制性质而带来的发展障碍仍然不同程度地存在。伴随着社会主义市场经济体制的不断完善,非公有制经济发展的政策环境显著改善,各种阻碍非公有制经济发展的显性规定正在逐步废除,但在实际操作过程中,仍然存在着诸多隐性壁垒,特别突出的是"玻璃门""弹簧门""旋转门"现象。比如,在政府服务方面对非公有制企业实行比较苛刻的审批,一些服务和政策,只是看得见,非公有制企业享受不了;在融资方面,非公有制企业的融资成本更高,融资规模受限,融资难度更大;在市场准入

---

　　① 过程创新是指提高劳动力和投入资本等生产要素效率,产品创新是指研发新产品、开发新技术,组织创新是通过架构调整使生产要素的组合更加有高效。
　　② 参见朱晓冬:《理解中国经济增长:过去、现在和未来》,《比较》2013 年第1 辑。

方面,虽然国家已经放开了部分垄断部门和行业,但在实际操作中仍存在许多隐性障碍。[①] 布兰特(Brandt)等测算,中国非农经济的潜在生产率至少可以增加 20%;在这 20%的增长体量中,约一半有赖于消除地区间的劳动力回报差异,另外一半取决于缩小国有部门与非国有部门间的资本回报差异。[②] 因此,政府应当切实转变职能,深化行政体制改革,创新行政管理方式,支持非公有制经济健康发展,坚持权利平等、机会平等、规则平等,废除对非公有制经济各种形式的不合理规定,消除各种隐性壁垒,制定非公有制企业进入特许经营领域的具体办法,为非公有制企业参与市场平等竞争创造更有利条件。

---

① 《〈中共中央关于全面深化改革若干重大问题的决定〉辅导读本》,人民出版社 2013 年版,第 97—98 页。

② 参见 Brandt et al.2012:"Creative Accounting or Creative Destruction? Firm-level Productivity Growth in Chinese Manufacturing",Journal of Development Economics,97(2):339-351。

第四章 政策性负担、国资"退出"困境与混合所有制

第一节 国有企业的起源、发展及演进

一、国家干预、市场失灵与国有企业

1. 国家干预、赶超战略与国有企业

纵观世界经济史,国家对经济的直接干预由来已久。如中国早在先秦时代,诸侯国就通过对盐、生铁、铜的冶炼及矿山开采等重要物品或物资的控制,形成所谓的"官营"体系,这在两汉以后更加明显(吴晓波,2012)。

20世纪以来,在欧美资本主义国家中,国家对经济的直接干预更多源于外部重大的环境改变导致原有的经济增长不可持续,甚至引起政府当局的统治危机,如:经济大萧条、财政危机、第二次世界大战及其对产业和基础设施的摧毁等。在此背景下,经济重建使许多国家的政府在经济领域扮演了较为直接的角色,如实施国有化或者在能源、交通、银行等"战略性"领域引入国有资本。

在韩国、土耳其、墨西哥、新加坡、中国台湾等新兴国家或地区,直接的国家干预是实现经济赶超战略的直接体现。在这些国

家或地区,国家试图以国有企业为平台,彰显和实现国家对经济发展的意志和导向,主要体现为以下三个方面。一是维持经济上具有特殊利益的部门或机构,在某种程度上实现特殊就业的保护或某些行业的可持续发展。如:国家成立收储机构调解农业产品丰收或歉收所带来的价格波动,以保证从事农业生产和服务的相关群体就业稳定;国家组建基础工业初级产品的统购统销机构,以减少这些产品国际价格变动对国内经济的冲击。二是对部分投资周期较长、投资额巨大的产业进行扶持和保护,如:造船业、钢铁业和煤炭开采业等。对于这些行业,国家既难以直接予以补贴,也很难确定民营企业是否有足够的能力和实力应对经济周期对这些行业的影响。在此情况下,这类行业难以避免国有资本的介入。三是对基础研究引导和支持,包括成立种子公司或引导基金,参与新产品、新技术研发,支持中小企业创新。这种现象在美国尤为明显。美国政府对基础研究的支持居于世界领先地位,其重点支持的领域包括航天、信息、生化、纳米、医药等各种新技术、新产品。以世界知名的苹果公司为例,其 1976 年推出的苹果 I 型计算机是以美国政府公共资金于 20 世纪 60 年代、70 年代所支持的计算技术研发成果为基础,其 2001 年推出的 iPod 及后来的 iPhone 同样离不开政府资金所支持的卫星定位、声控和大规模存储等新兴技术①。

2. 市场失灵、外部性与国有企业

由于交易成本的客观存在,部分市场行为难以将所有相关成本予以内生化,使得某些市场主体的行为直接影响他人的利

---

① 参见林颜夫:《解读中国经济》(增订版),北京大学出版社 2015 年版,第356 页。

益,但却没有承担相应的成本或获得回报,从而使得市场机制作用表现出失灵的特征,如:环境污染、公地悲剧等,这种表现被称为市场失灵,其直接原因是外部性,内在机制是因为部分交易成本难以内生化。在此背景下,国家作为终极救济手段,便以国有企业或国有资本为载体,对这些市场失灵所导致的问题予以缓解或克服。

在现实环境中,国家干预主要体现在自然垄断、公共物品、医疗卫生等领域。一是某些行业对规模经济的要求很高,在产品或服务的某些环节或节点仅允许独家垄断的生产商提供产品或服务,才能实现社会成本最低、社会福利最大,由此便催生了自然垄断。典型的自然垄断行业有电力、天然气和铁路等网络输送环节,但对生产环境和终端运营或接入环节并不存在自然垄断所要求的构件。二是在公共基础设施、司法服务、社会秩序维护、国防军队保护等领域的产品或服务提供中,个体的社会消费及其相应支付脱钩,难以避免个体的搭便车行为,由此抑制私有企业的生产积极性和内在生产动力,造成社会福利损失。因而,对社会公共产品或服务的提供,需要国家以国有企业或国有资本的形式介入并予以提供。三是由于部分社会产品或服务的提供被限定于特定群体,从社会可持续发展角度,即便是消费者不能承受价格,国家也必须使这些特定群体享有这类公共产品或服务。如医疗卫生、食品安全和义务教育等。对于这些产品或服务,私有资本出于投资回报角度难以提供相应的产品或服务。此时,也需要国家以国有企业或国有资本的形式介入并予以提供。

此外,出于社会整体福利平衡和经济发展均衡及社会稳定等目的,国家还必须以国有企业或国有资本为实践载体,对欠发达地区进行前期基础设施、道路桥梁和社会管网等投资,以此打造良好的市场环境来吸引其他社会资本跟进投资,推动本地区经济发展。此时,国有企业或国有资本作为经济发展的"先头部队",成为国家推动社会发展、增进社会福利过程中不可或缺的抓手。

二、资本主义国家的政府干预及其国有企业的私有化

对西方发达资本主义国家国有企业发展的考察中发现,随着这些国家经济秩序步入正轨,其国有企业存在的诸多缺陷不可避免地要暴露出来,如缺乏明确的预算规则、激励目标多元且不甚清晰、企业过度投资日趋严重、不良资产不断攀升、企业管理层在职消费过高、内部人利用信息优势侵蚀国有企业资产等。在此背景下,西方国家以国有企业为工具干预经济的模式步入颓势,国有企业运营的机会成本不断上升,甚至国企与政府目标函数不一致的矛盾日益凸显。20世纪80年代末期,不少西方发达国家国有企业的财务负担非常重,使得政府自身的财政状况趋于恶化,直接表现为公共赤字不断攀升、利率增长和通货膨胀等方面。

与此同时,新技术、新理论的快速传播、市场规模的急剧扩大,在某种程度上改变了或优化了原有的产品或服务提供模式,降低了相应的成本,也直接或间接地动摇了西方发达国家在部分领域国企存在的必要性。其中,最直接体现就是通信服务领域较为明显地分为网络传输、本地接入、终端服务等不同环节,不同环节面临不同的成本构成,其对规模经济的要求也存在较大差异,并由此使得相应的市场结构和产业政策发生改变。在宏观经济方面,贸易的全球化和金融市场的一体化,均在不同程度上要求企业比通

常情况下的国有企业更加自由和灵活,甚至在某种程度上更依赖具有高度人力资本特征的私人企业。因而,金融体系的扩展和经济规模的扩大,从经济增长的内在动力方面催生私有企业发展,这在某种程度上也对国有企业原有的市场份额和生存空间形成威胁。

正因如此,不少欧洲国家将国有企业私有化提上政治日程,其中包括德国和英国。作为欧洲的两大巨头,德国和英国先后经历漫长而持续的私有化浪潮。它们分别在 20 世纪 60 年代和 80 年代就开始向私有化体制迈进,对原来存在的规模较大的国有企业进行重组或拆分,对原来被国有企业或国有资本垄断的行业进行放开,对原来由政府直接提供的服务或产品予以社会化、引导私有资本进入。与此同时,其他几乎所有的经济合作与发展组织成员国也先后在 20 世纪 90 年代"不甘人后",选择与德国和英国类似的行动路径,对原有的国有企业和国家资本进行重塑,最显著的特征就是不断缩小国有企业部门的规模、减轻政府直接干预力度、削减政府直接介入领域。伴随国有企业的私有化运动,经济合作与发展组织成员国的监管体制及其性质相应发生重大变化,其中最直接的表现就是从具体的直接监管向以框架和市场为导向的规制转变,国家干预显著减弱、减少。

三、新中国重工业优先发展战略、国有企业产生与"三位一体"

1. 重工业优先发展战略与国有企业

在新中国成立初期,我国面临内忧外患的生存压力,决定以快速发展重工业和军事工业、实现富国强兵为主要目标,从而快速地实现从落后的农业国向工业体系尤其是重工业体系相对完备的工业国转变。在战略方向和发展路径上,中国选择了目标相近、条件相似的苏联作为借鉴和学习的对象。尤其是力图在短期内迅速建立起相对完整的工业体系,其中包括集中国家优势资源优先发展重工业。

通常来说,重工业包括但不限于钢铁、冶金、机械、能源(电力、石油、煤炭、天然气等)、化学、原材料等工业,是为国民经济生产主体提供技术装备、动力和原材料的基础工业,且具有以下四方面特征。一是投资建设周期较长,少则三五年、多则数十年。二是偏重于国防、原料、燃料等基础工业,大多数是中间品而非居民终端消费品。三是技术难度中等,但对设备技术水平要求较高,非工业化国家难以直接生产,需要从工业化或较发达的国家进口。四是初期资金投入巨大,少则百亿、多则上千亿,资金占用成本和使用风险较高。面对这种情况,在一个生产者剩余相对较少、工业化程度相对较低、资金缺乏情况较为严重的新中国,能够用来发展重工业的可动用资金非常少,也就难以依靠市场的力量完成重工业优先发展战略。在此情况下,国家以国有企业或国有资本为载体对经济进行干预就必不可少。

2. 重工业优先发展战略与"三位一体"

对刚刚成立的新中国而言,重工业优先发展战略至少给我国带来以下五个方面的影响。一是重工业的建设周期较长,必将形成较高的资金占用成本、较大的资金占用规模和较长的资金使用周期,从而形成对其他轻工业发展资金的长期占用。二是偏重于重工业品的生产,难以避免地挤占轻工业品生产体系,使得国民当期的终端消费品仍然处于一个相对匮乏、物资相对紧缺的时期,这将直接影响当期生活消费水平。三是重工业所需设备大多需要进口,在外汇缺乏、国家储蓄较低的情况下,必将促使国家压低汇率,使其保持对重工业设备较低的进口成本,但这势必影响我国初级产品出口,不利于国际收支平衡,在某种程度上影响我国货币政策稳定性和持续性。四是重工业是更多政府干预和主导下的生产体系,其产品形成缺乏相对完善的市场竞争体系,必将诱使政府通过"剪刀差"为国家发展筹集资金和资源,由此形成统一定价、统筹调配和统一生产的计划经济管理模式,这必将导致市场经济空间大大压缩。五是重工业建设初期的劳动投入巨大,形成较大的劳动力成本投入。为尽可能降低劳动力成本,政府倾向于通过降低工资、压缩绩效幅度、减少福利标准,由此使得我国形成相对统一的、较低的、固定的工资标准和"大锅饭"模式。

与之相适应,国家要更好地推行重工业优先发展战略,必须进行微观管理体制调整,而非单纯地按市场机制运作。尤其是要克服资金剩余控制的难题,倾向于把大量的生产者剩余集中投资到重工业发展方面。正因如此,国家必须直接拥有这些重工业体系的企业,才能掌握对剩余的直接支配权。加上缺乏相对充分、完善的市场运作机制,使得国有企业运作的价格信号、盈利标准和绩效激励等缺乏可靠的度量标准。为此,国家除了对企业剩余拥有直接的支配权外,还需要对企业日常运作和生产进行干预,直接剥夺国有企业的生产自主权和经营自主权,将国有企业作为生产车间或加工厂予以管理,形成宏观上扭曲的价格信号、行政上计划配置资源、微观上企业没有自主权的"三位一体"①。

---

① 参见林毅夫:《解读中国经济》(增订版),北京大学出版社 2015 年版,第79—80 页。

第二节　政策性负担、预算软约束
与国资"退出"困境

一、政策性负担：战略性政策负担和社会性政策负担

国有企业既具有市场微观主体的属性，又具有国家所有的相应属性。为便于发挥政府对微观经济的必要干预，配合实施国家宏观战略，国家以传统的"管人管事管资产"为核心理念，直接或间接地赋予国有企业多重目标。这些多重目标既包括利润目标，也包括其他诸多非利润目标，从本质来讲主要是源于作为出资人的政府所具有的多重目标（睢国余、蓝一，2004）。如：国有资产保值增值属于以利润为基础的经济目标，而减少城镇失业率、提升社会保障、落实重大战略、执行民生工程等则属于非经济目标。林毅夫等（2004）针对国有企业所承担的非经济目标进行深入研究，并将国有企业中除经济目标以外的其他目标统称为政策性负担，且将政策性负担按照功能定位界定为战略性政策负担和社会性政策负担。①

战略性政策负担是指为履行国家宏观经济发展的赶超战略，对我国不具备比较优势的资本密集型产业或产业区段进行投资，给相关国有企业所带来的负债、行业困境和人员冗余等负担。事实上，新中国成立以来，我国开始推行重工业优先发展战略。在资

---

① 参见林毅夫、刘明兴、章奇：《企业预算软约束的成因分析》，《江海学刊》2004 年第 10 期。

本非常稀缺、劳动力相对富余的经济条件下,资本密集型的重工业必然使经济产生扭曲,导致人为压低利率、汇率、原材料价格等现象存在,由此形成了所谓的国有企业战略性政策负担。值得注意的是,战略性政策负担与国家宏观调控和重大战略调整相一致,是后发国家实现经济赶超和发挥后发优势过程中不可或缺的转型成本。随着战略转型的成功和追赶产业的正常运作,该部分转型成本或政策性负担将逐渐加以消化、甚至形成新的竞争优势。以微观视角来看,该部分投资相当于企业的专用资产投资,需要通过后续的持续生产和资金周转加以消化、摊销。故而,从宏观层面看,国有企业的战略性政策负担其实是一种着眼于未来核心优势打造的长期投资;其之所以被称为负担,主要还是由于这类赶超战略投资回报周期过长,久而久之容易形成事实上的国有企业负担。

与战略性政策负担相比,社会性政策负担更多是着眼于国有企业的"小而全"功能,承担了原本能够独立于企业自身的诸多社会功能,以及因肩负社会稳定所带来的人员冗余及其相关的社会福利所形成的负担。如:国有企业内部创办的幼儿园、医院、宾馆等后勤保障机构,国有企业职工子女就业的"子承父业"及国有企业对军转干部或退休干部的硬性承接指标等。与战略性政策负担着眼于国家宏观战略的产业升级和核心竞争力的打造不同,社会性政策负担在某种程度上是履行政府服务的公共职能、承担社会公共服务。撇开这种公共服务的运作效率而言,国有企业较其他非国有企业承担了更多的社会成本,成长性较高、效益较好的国有企业较其他国有企业承担的公共服务更多。故而,这显然不利于不同所有制企业之间的公平竞争,也不利于国有企业自身的做强做大和可持续发展。

综上所述,战略性政策负担和社会性政策负担均是我国推行重工业优先发展战略的内生产物,但两者产生的路径和治理方向大为不同。一方面,从国际间竞争优势培育和国家核心竞争优势来看,战略性政策负担必定由某些特定的国有企业所承担,对其功能定位和目标管理要同其他国有企业有所不同。另一方面,社会性政策负担是原本属于政府承担的社会性公共服务,应彻底地从国有企业剥离,这是国有企业与非国有企业展开公平竞争的前提和保障。基于以上分析,不同国有企业所面临的政策性负担有所不同,对其治理也应根据实际情况采取相应的对策或路径。

二、政策性负担与预算软约束

为有效治理国有企业的政策性负担,不少学者尝试从预算软约束的视角对其进行解释,并提出正是因为预算软约束的存在,使得国有企业资产的财产权利难以得到有效的保护和充分的尊重,如:国有资产贬值、企业利润亏空、财政补贴加剧、折旧率偏低、过高薪酬福利和劳动生产率低下等,这些直接或间接地导致国有企业资产显性或隐性地流失。

在分析社会主义经济时,"预算软约束"的概念最早由科尔奈(Kornai)所提出[①]。他认为,预算软约束是社会主义经济中一个普遍存在的现象,其实质是政府难以做到不去救助亏损的国有企业,这些救助措施包括政府财政补贴、信贷支持和增信、股票(债券)发行、产业政策扶持等。科尔奈认为,预算软约束主要来源于

---

① 参见科尔奈:《短缺经济学》,高鸿业译,经济科学出版社1986年版。

作为社会主义政府(出资人或代理人)对国有企业所赋予的"天然责任"。李(Li)提出,公有制就意味着企业所有的再融资决策或行为同时受制于政府(银行)和企业,这就使得预算软约束较为盛行,同时这也是社会主义比资本主义更容易受预算软约束影响的主要原因。由此可知,公有产权并不能成为预算软约束的根本原因。林毅夫和李志赟(2004)提出,政策性负担是引发企业预算软约束的根本原因,这与企业是国有企业还是私有企业并没有直接关系。① 换句话说,即使是私有企业,只要承担政策性负担就同样存在预算软约束的现象。梁莱歆和冯延超发现,与政府职能关联较为密切企业的雇员规模和薪酬成本均显著高于无政府职能关联的企业,且这种政企之间的政府职能关联程度越高,其雇员规模和薪酬成本相应增加。② 这表明,为维持业务运作中的政企关系,民营企业承担部分"政策性负担"也理所当然,进而形成一定的"类国企"职能。政府为确保政企关系对民营企业吸引力,在关键时刻给民营企业提供一定的"国有企业"待遇也在情理之中。因而,只要存在政府职能关联,民营企业就难以逃离"政府干预",进而享受类国企所带来的预算软约束。

在市场竞争中,政策性负担必然引发企业选择有利于自身的预算软约束,这在一定程度上也是政府与企业相互博弈中形成的内生均衡。故而,预算软约束同企业所有制并没有直接关系,且在承担同样的政策性负担前提下,私有企业倾向于比国有企业要求

① 参见林毅夫、李志赟:《政策性负担、道德风险与预算软约束》,《经济研究》2004 年第 2 期。

② 参见梁莱歆、冯延超:《民营企业政治关联、雇员规模与薪酬成本》,《中国工业经济》2010 年第 10 期。

更多的政府补贴、获得更大程度的预算软约束。在实践中,预算软约束会带来经济中很多的问题,比如管理层的道德风险、银行的不良资产、各级政府的财政风险等。故而,如何硬化国有企业预算约束是国有企业改革能否取得成功的重要条件。

三、政策性负担与国资"退出"困境

　　预算软约束概念已被广泛用来认识和理解国有企业,其中所衍生出来的"天然责任"被不少学者用来解释国有企业效率较低等综合特征。遗憾的是,预算软约束与"天然责任"本身并没有得到较为基本的阐释或界定,不具有学术意义上的基本概念或基本框架。就此而言,软预算约束或"天然责任"与其说是解释国有企业的低效率,不如说是描述低效率产生的表象特征。杨小凯(1989)提出,软预算约束产生的原因是国家作为出资人,其在国有财产上的权力未能得到较为清晰的界定,称之为产权界定不明的观点。①显而易见的是,这种产权界定不明的观点与我们所观察到的现实并不相符。比如,我国《宪法》第二条规定,"国家保护社会主义的公共财产。禁止任何组织或者个人用任何手段侵占或者破坏国家的和集体的财产"。

　　无论是预算软约束,还是产权界定不明,均难以从学术规范的意义上对国有企业的低效率"综合征"给予较为完备的解释,其内在原因是产权经济学过于强调权力的清晰界定及其交易行为对资源配置效

①　参见杨小凯:《贸易理论和增长理论的重新思考及产权经济学》(1989年),载于汤敏、茅于轼主编:《现代经济学前言专题》,商务印书馆2002年版。

率的影响,但却不可避免地忽略了阐释产权交易的契约框架,使得约定的履行成本存在非市场化或难以市场化的诸多因素。张军提出,国有企业的低效率主要来源于国家对国有企业缺乏有效的监督或惩罚性对策,甚至国资难以以"退出"合约关系来维护其财产权利①。

在国家与企业的博弈关系中,若国家将就业保障等非经济目标赋予企业,并通过其他政策干预的非市场化手段对承担非经济目标的企业予以补偿,从而形成国家与企业相互难以退出的长期博弈关系。在这种情况下,国家处于相对弱势且难以利用国资退出合约关系来惩戒企业的"违约"行为,而企业便可能利用相对的信息优势,成为相对较强的交易对手,从而在博弈中获得更多利益。这种情况非但发生在国有企业,也可能发生于与政府职能存在较为紧密联系的民营企业或私有企业。

四、预算软约束、国资"退出"困境与政企关系

地方政府的政绩追求使其对经济发展高度重视并激发其对企业干预的强烈动机。在国有企业为政府分解"政策性负担"的同时,政府也为国有企业提供可能的担保、补助,强化了政府与国有企业之间的非市场关系,形成了政府与国有企业间的紧密合作。国有企业较容易通过政府获得信贷、投资和产业政策等系列支持,成为市场竞争占据优势的竞争主体。在这种情况下,国有企业和政府之间形成一种"你中有我,我中有你"的互动关系。一方面,

---

① 参见张军:《社会主义的政府与企业:从"退出"角度的分析》,《经济研究》1994 年第 9 期。

政府需要依托国有企业的运作平台,实现各种战略意图和追求政绩。另一方面,处于激烈竞争的国有企业,也期望获得政府的信贷支持、政策倾斜和税收优惠,以便能战胜其他竞争对手。久而久之,政府与国有企业之间就形成这种相互依赖的"政企关系"。

对于民营企业(私有企业)而言,其实际控制人为了获得政府的政策支持和扶持,往往倾向于通过间接途径,以一种隐性的方式与政府建立较为稳定的政企关系。借助这种政企关系,民营企业通过主动承担或分担政府下达的指令性任务或政策性负担,为政府排忧解难。为了回报民营企业,政府也通过信贷倾斜和政策扶持等途径,在关键时刻给民营企业提供一定的"国有企业"待遇。由此,政府与民营企业形成了相互依赖的政企关系。

在地方国民生产总值(GDP)指标仍是地方政府政绩最重要的考核指标情况下,地方政府有足够动力通过协助、纵容或默许辖区内企业(民营企业或国有企业)的"逃、废、债"等行为,间接干预、争夺国有银行的金融资源①。遗憾的是,这种政府与企业之间的交易并不稳定,尤其是会随着政府主要负责人变动而产生重大变化,再加上其间的诸多交易行为不是市场化交易,很难以相对确定的、显性的契约关系给予保护和维持,由此形成政府和企业之间极大的不确定性,不利于企业长期、持续发展。因此,要想营造包括企业良性发展环境,必须首先从政府入手,建立政府和企业之间良性关系,尤其是加快转变政府职能。

---

① 参见巴曙松等:《转型时期中国金融体系中的地方治理与银行改革的互动研究》,《金融研究》2005年第5期。

第三节　国企改革的历程、理论演进
与混合所有制

一、我国国有企业的改革历程（1978—2013）

为落实重工业优先发展战略,我国于 1954 年开始对部分规模较大的私营企业进行公私合营改造,从而形成实施该战略的国营企业或国有企业(以下统称国有企业)。囿于我国经济整体脱胎于半殖民地半封建社会,一直缺乏现代意义上的市场经济环境,甚至在 1978 年之前实施了较为典型的计划经济管理模式。在此背景下,我国政府对国有企业实行了所谓"三位一体"的管理模式,使得国有企业更多是作为政府的附属机构而存在。此时的主管部门对国有企业主要采取高度集中的计划管理模式,形成"工厂化"管理模式。国有企业主要目标是执行上级命令、完成生产任务,至于保值、增值等目标无从谈起。由于彼时的国有企业仅仅作为生产工具或车间,并非独立意义上的经营实体,难以对其进行现代意义上的绩效考核和评估,产生了所谓的"大锅饭""铁饭碗"等现象,致使其运营效率低下。为改变国有企业的低效率现状,自 1978 年以来,紧紧围绕下放或扩大管理自主权、财务自主权这一主线,推动国有企业管理模式实现三次转型。

1. 国企改革的放权让利:从"管工厂"到"管企业"

党的十一届三中全会后,按照"让地方和工农业企业在国家统一计划指导下有更多的经营管理自主权"的指导思想,我国政府以"放权让利"为技术手段,推动国有企业从"管工厂"向"管企业"的跨越。在"管企业"模式下,政府主管部门直接缩小核算单位和管理幅度,主动下放部分经营权与收益权。由此调动企业经营者、职工的生产积极性,提升国有企业劳动生产率。林青松(1995)研究表明,从1980年到1985年,我国独立核算工业劳动生产率年均增长达到4.2%。① 这一结论也为刘小玄和郑京海(1998)所证实。该文测算,在1978年至1982年期间,我国国有企业各种利润留成增加值达到400多亿元。②

由于"管企业"模式并未打破原有计划经济体制框架,更多是在体制内模拟化的经济环境中运行,难以遏制经营者利用信息优势进行"经济寻租",致使不少地方出现"富了和尚穷了庙"的现象,从而向政府索取更多的财政补贴,甚至加重国家财政困难,也由此催生新一轮国企改革。

2. 国企改革的两权分离:从"管企业"到"管资产"

为尽可能克服"管企业"模式的后遗症,政府主管部门于1987年推动"管企业"模式向"管资产"模式转型,其核心是国家所有权与企业经营权相分离,从而进一步扩大企业经营者的自主权。在此过程中,政府主管部门主要通过向企业下放产品生产和经营自主权,主要表现在以下三个方面。其一,纳入国家指令性计划的产品由1979年的120多种减少到1990年的58种。其二,国家计委负责调拨的物质和商品从256种、65种减少到19种、20种。其

---

① 参见林青松:《改革以来中国工业部门的效率变化及其影响因素分析》,《经济研究》1994年第10期。

② 参见刘小玄、郑京海:《国有企业效率的决策因素:1985—1994》,《经济研究》1998年第1期。

三,国家承揽的出口商品从 900 种减少到 27 种,甚至在 1991 年将外贸权直接授予国有企业。随着产品生产和经营自主权的扩大,国有企业全要素生产率也不断提升。1980 年至 1992 年期间,国有工业全要素生产率明显提高,年均增长率为 2.5%。[①]

从改革效果来看,"管资产"在较"管企业"取得更大经营自主权的同时,其实际效果也有所改善,但仍然存在以下三个方面局限。一是"内部人控制"趋于严重,难以遏制其内部人利用信息优势侵蚀企业利益。二是社会性负担和战略性负担日益沉重,诱使"预算软约束"屡禁不止,削弱企业负债的"刚性治理"。三是缺乏长期激励,过度关注短期绩效,诱发大多数企业的过度投资行为,不利于我国宏观经济调控。

3. 国企改革的法人治理机制:从"管资产"到"管资本"

为缓解"管资产"模式所带来的内部人控制、预算软约束和激励短期化等,我国政府主管部门自 1993 年起逐渐从被动式改革转变为主动式改革。在宏观层面,着眼于"管资本"模式,先后建立现代企业制度、培育和引进合格机构投资者、建立多层次资本市场体系,从而建立相对完善的制度基础和市场环境。在微观层面,配合"管资本"模式,我国政府主管部门围绕中央国企和地方国企的功能定位、所属行业、发展规模和核心优势等,推动国有企业建章立制、战略重组和资产优化。2013 年,我国国企总资产约 91.1 万亿元,总收入达到 46.4 万亿元,总体利润高达 2.4 万亿元。

以"管资本"为导向的国企改革推进了 20 余年后,依然在内

---

① 参见谢千里、罗斯基、郑玉歆:《改革以来中国工业生产率变动趋势的估计及其可靠性分析》,《经济研究》1995 年第 12 期。

部人控制、预算软约束和激励机制等方面存在不少问题,其主要原因如下。一是在国有股"一股独大"的前提下,董事会成员均由国资管理部门委派,且董事长(总经理)作为主要负责人常常在行政级别上天然高于其他董事或监事,使得企业内部有效的监督机制难以形成。二是政策性负担既是国有企业获得政府支持的依据,也是企业执行政府指令性任务所形成,使得同样深受政府影响的国有银行难以发挥债务治理的刚性作用。三是独立董事大多由大股东或董事长(总经理)提名,其更可能倾向于维护相关提名者利益,难以有效保护中小股东权益,致使其外部治理作用受到抑制。四是国有企业经营者尚未建立有效的内部市场、缺乏长期激励机制,致使其对企业未来发展缺乏稳定预期、过度关注短期绩效。

4. 国企改革的简要评述

国企改革的成功经验表明,减少政府直接干预、扩大企业自主权是取得成功的关键。如:从"管工厂"到"管企业",国有企业逐渐获得更多生产经营权、奖金分配权;从"管企业"到"管资产",国家下达的指令性计划、调拨物资和承揽出口商品等不断减少,赋予其更多经营自主权。从"管资产"到"管资本"的初级阶段,除核心职位由政府部门控制外,企业经营者获得最大限度的经营自主权。正是伴随企业经营自主权的不断扩大,经营者和生产者积极性得以提升、企业绩效不断改善。

为预防国有资产流失,我国国资管理部门对国有企业管理一直遵循所谓的"管人管事管资产"。即使是国有企业上市之后变成公众公司,国资管理部门也利用国有大股东的控股地位,坚持董事长和总经理的提名权并借此把控关键职位的任命,甚至包括其他大多数董事、监事也纳入所谓的人事管理权。这种传统的思维惯性可能不利于"管资本"模式的继续推进,且在某种程度上有损"法人治理"中的法人独立性。按照公司法的表述,企业资产应仅由其法定代表人处置或管理,包括大股东在内的任何股东并没有法律意义的权利直接对其投资企业的资产予以处置或管理,这正是突出法人财产权的独立性。与此同时,股东是通过拥有与股份相应的表决权、投票权、收益权等股东权利,按照公司章程行使股东权力、承担股东义务。至于公司章程如何界定股东权利、授予董事会权力,则需要根据实际情况予以执行,这其中就涉及公司决策机构的选择,即:股东会决策模式或董事会决策模式(含经理层决策模式)。

二、股东会决策模式、董事会决策模式与股东有限干预权

按照公司章程约定的决策主体,公司决策机制可分为股东会决策模式和董事会决策模式。其中,股东会决策模式是以股东会作为公司决策日常管理机构和核心决策机构,直接参与公司日常事务决策和公司重大决策,故其通常要求股东数量不能过多,也使得公司股份缺乏流动性,在某种程度因决策层仅限于少数股东及其代理人而不利于决策质量的提升。与之不同,董事会决策模式是经股东会委托、授权,董事会成为公司日常事务管理和可决事项的最高决策机构,其本质是由董事会代理股东会履行若干重大决策及行使监督职能。

1. 股东会决策模式

从决策主体构成来看,股东会决策模式就是由所有股东组成

日常运作决策机构,负责公司重大决策的审定和批准。在公司发展初期阶段,公司规模不大、业务不复杂,股东(大股东)大多数同时身兼所有者和经营者身份,这至少有三方面特征。一是股东以所有者的身份经营公司,有利于减少中间环节、避免代理冲突、提升决策效率。二是股东数量不能太多,由此限制了公司大规模对外融资,在某种程度上也降低了公司股份的流动性。三是由于公司决策主要来源于股东,不利于提高决策的独立性、公正性和科学性,在某种程度上不利于公司持续、健康发展,甚至可能因股东之间观点不和而影响公司正常运营。这表明,在公司业务不太复杂、股东数量不多、运营管理技能不高的前提下,股东会决策模式往往能够取得较好的经营效果,有利于发挥参与积极性和决策效率较高的优势。

2. 董事会决策模式

对于股东数量巨大的公众公司而言,依靠股东会处理日常事务和重大决策显然不太现实。由此便催生由股东选举董事组成董事会,并以法律形式向董事会授权,准许董事会代表股东,负责授权范围内的日常管理及重大决策的审议和决定,包括代表股东监督公司经理。当然,对于职权范围之外的重大决策,董事会须按照公司章程规定提请股东会决策。与股东不同,董事对公司应负有忠实和勤勉义务。一方面,公司董事的选择应符合公司业务发展需要,为公司利益诉求服务,应具备与公司相关的从业经验和专业技能。另一方面,在董事损害公司利益的情形下,公司可以直接要求其承担赔偿责任。此外,为引导董事像股东一样为公司价值最大化努力,还必须通过特定的激励机制设计确保董事与股东利益的一致性。在实践中,规模较大的公众公司几乎都

选择董事会决策模式,甚至不少国际上规模较大、业务庞杂的国
有企业同样选择董事会决策模式,如新加坡淡马锡控股有限
公司。

　　由于董事会和经理层权力配置不同,不同国家或地区可能衍
生出新的决策机制,如美国的经理层决策模式①。由于美国公司
的股权结构高度分散,单个股东很难直接对公司运营产生有效影
响,从而诱使经营者凭借信息优势左右公司决策,成为事实上的控
制者②。在实践中,像美国这种经理层决策模式的经营者仍然是
由董事会决定,其薪酬激励和福利待遇也均由董事会确定。因此,
经理层决策模式在本质上仍然是董事会决策模式,仅仅是在外在
形式上表现得更为强势,以至于成为公司的实际控制者,这与青木
昌彦提出的内部人控制③有些类似④。由于我国国有企业属于全
民所有,缺乏可追溯的最终委托人,使得各类代理人都不拥有合法
的对生产资料的个人产权,也并不对任何拥有生产资料产权的个
人负责,从而容易形成"内部人控制"。⑤⑥

　　3. 商业判定规则、股东有限干预权与政府干预救济

　　由于商业复杂性,现代大多数公司法体系在对经营人员的投

　　①　参见于桂兰:《美国经理式资本主义的三个特征及其成因分析》,《工业技术经济》2000 年第 3 期。
　　②　参见何自力:《家族资本主义、经理资本主义与机构资本主义》,《南开经济研究》2001 年第 1 期。
　　③　在所有者(出资人)缺位的条件下,具有实际控制能力的企业经营者或员工倾向于过度关注"内部人收益最大化",从而产生所谓的"内部人控制"(青木昌彦、张春霖,1994 年)。
　　④　参见青木昌彦、张春霖:《对内部人控制的控制》,《改革》1994 年第 6 期。
　　⑤　参见周其仁:《公有制企业的性质》,《经济研究》2000 年第 11 期。
　　⑥　参见李维安:《国际经验与企业实践》,《南开管理评论》2001 年第 1 期。

资决策失误等公司决策行为,通常选择"商业判定规则"。即:司法首先假定董事或高管人员履行忠实义务和诚信义务,只要决策过程满足公司章程及相关规章制度的合规程序,就不会因决策失误而对决策层采取法律意义上的申诉。故而,在商业判定规则下,只要董事会的决定满足了一定的程序要求,法院(司法机构)就不再对董事会的决定做实质性审查。这种通行的司法体系在某种程度上催生股东有限干预权①。

　　尤其在我国法律体系不够健全和市场化发育程度不高的情况下,更容易因"股东有限干预权"而产生"程序合规合法、结果不合情理"的"真空地带"。有鉴于此,如何引入股东之外的监督力量对于我国国企改革尤为重要。在我国市场经济发育阶段,交易成本和不确定性广泛存在,使得不同市场主体之间合约的天然不完备。皮斯托和许(Pistor 和 Xu)认为,当法律不完备且违法行为会导致重大损害时,将执法权直接分配给监管者而非法庭是最优选择②。这也为皮斯托和许所证实。该文结合中俄两国在推动股票市场发展的实践活动,借助法律不完备的理论框架,在一定程度上论证了执法之外的治理机制的重要作用。从这种意义上来说,对我国国有企业进行一定的直接干预,不仅非常重要,而且很有必要,但其关键是如何把握政府干预与司法监管之间的平衡点,这需要在下一步国企改革中予以探讨。

---

　　①　参见伯切克和弗里德《无功受禄:审视美国高管薪酬制度》,法律出版社2009 年版,第 39—45 页。

　　②　参见 Pistor Katharina and Chenggang Xu, 2005: Incomplete Law; Law Enforcement under Incomplete Law, Working Paper。

三、治理机制、市场竞争与国企改革的理论演进

1978 年以来,国有企业先后经历以放权让利、两权分离和建立现代企业制度为主要特征的改革阶段。配合这一进程的推进,不少学者从理论层面进行探讨。其中,影响较大的主要有产权改革派和剥离负担派。前者的主要代表是张维迎等,后者是林毅夫等。①

1. 产权改革派主要观点及其评述

张维迎(1995)基于团队生产理论,提出"将剩余索取权授予团队中最重要、最难监督以及拥有信息优势的那些人,由真正承担风险的资产所有者选择经营者",由此提出对国有企业进行产权改革的核心观点,这就是产权改革派②。从理论框架来看,由于产权改革派更多是基于市场有效的视角,却变相忽视市场失灵的情况,使得其政策设计的起点侧重提升微观效率、解决个体不经济的问题,但由此忽视利用后发优势进行技术赶超的战略导向,尤其是对其中存在的市场失灵束手无策。就实践经验而言,产权改革更适用于所有者与经营者合二为一的、规模较小的企业,但对规模较大、尤其是所有权和经营权相分离的大中型企业,以及部分为缓解市场失灵而设立的功能性企业未必有效。

尽管产权改革观点及其分析逻辑未必能够解决国企改革的所有问题,但其对数量较大的中小型企业仍有非常重要的参考价值。

---

① 参见林毅夫、蔡昉、李周:《充分信息与国有企业改革》,上海人民出版社1997 年版。

② 参见张维迎:《从现代企业理论看国有企业改革》,《经济研究》1995 年第1 期。

除此以外,产权改革派还提出了具有前瞻性的改革举措,包括逐步允许非国有经济与国有企业共同承担起"股东"的角色,这与混合所有制改革的思路相契合。

2. 剥离负担派主要观点及评述

林毅夫等从代理冲突的源头出发,证实充分信息与市场竞争的重要性,提出"解除企业不对等竞争的负担"的改革举措。他们所建立的分析框架不但有利于理解国有企业中所有权和经营权分离及其引发的代理冲突,也有助于打开企业内部运作的黑匣子,得到学术界的广泛认同。在概述成熟市场治理机制①的基础上,剥离负担派认为,只有剥离或撇开国有企业所承担的政策性负担,才有可能真正硬化国有企业的预算约束,促使其真正参与市场竞争。

通过建立代理理论的分析框架,剥离负担派突破了产权改革派的微观局限,建立了国企改革的充分条件,为认识和理解国企改革打开了新的逻辑视角。尤其是在私有企业也可能因为承担政策性负担而导致"类国企"的现象已得到国内学者证实的情况下,剥离负担派可以说在理论逻辑上向前更深入一步,并由此建立国有企业分类管理的理论依据。此外,剥离负担派强调充分信息与市场竞争也极具现实意义,这是确保国企改革取得成功所需要的外部环境。尽管如此,国有企业是否能确保在剥离政策性负担之后一定能取得成功呢? 剥离负担派对此并没有给出明确的答案,这不能不说是一种遗憾。

①　立足于克服或缓解代理冲突,林毅夫等(1997)概述了五种可行的治理机制,包括:董事会监督或董事会决策模式、争夺代理权、大股东监督、敌意接管和债务治理等。

3. 产权改革、剥离负担与治理机制优化

从我国国有企业的改革实践来看,无论是产权改革派,还是剥离负担派,均为当时实务界面临的现实问题提供了必要的理论支撑,为国企改革的顺利推进提供了不可或缺的保障。但囿于分析框架和理论逻辑起点的不同,这两种观点更多反映了学术界当时的认识水平,难以适应不断出现的新情况,急需新的理论予以跟踪研究。

Kaplan(1997)证实,在较为完善的市场经济条件下,不同的治理机制倾向于相似的治理效果①。该文以美国、日本、德国为例,通过检验不同公司治理机制对管理层激励效果的异同,发现公司绩效的恶化均能导致管理层报酬下降或管理层被解除职务,从而得出这一观点。该文还认为,处于成熟期的、规模较大的公司,更需要相对健全的治理结构和较为完善的治理机制。在这方面,新加坡淡马锡控股有限公司的成功便是例证。因而,在排除具有特定功能定位的国有企业外,数量较多、规模较小的中小型国有企业应侧重通过产权改革的模式进行社会化改革,规模较大的、承担战略职能的大中型国有企业则应着重优化治理结构,完善治理机制,提升治理水平。

四、减少政府干预、把控核心职位与优化治理机制

剥离负担派的代理理论框架表明,现代企业制度下的有限公

---

① 参见 Kaplan, S N. "Corporate Governance and Corporate Performance: A Comparison of Germany, Japan, and the U.S". The Bank of America Journal of Applied Corporate Finance, 1997, 9(4), 86。

司至少存在两类代理冲突。其中,大股东和中小股东之间的利益不一致为第一类代理冲突,股东和管理层之间的利益偏离为第二类代理冲突。故而,在充分信息和市场竞争环境不断改善的情况下,我国国有企业改革至少需要围绕以下四大路径展开。

第一,以社会性政策负担和战略性政策负担为参照,进一步明确国有企业职能定位,推进分类管理和治理的国企改革。从我国发展实践来看,政策性负担的存在既有历史形成的原因,也不乏应对国际战略的需要,对其处理绝不能一蹴而就、一剥到底,而是要根据实际情况逐渐推进,尤其是要将政策性负担区分为社会性政策负担和战略性政策负担。一方面,社会性政策负担不但阻碍了国有企业改革进一步的深化,也抑制了社会化分工的深化、降低国有企业内部管理效率,甚至形成人员冗余、资本效率偏低。另一方面,作为弥补市场失灵的救济机制和承载国家意志的现实存在,尤其是作为非原发的市场经济国家,国有企业在过去、现代和未来都有其特殊的存在价值,这在欧美成熟市场经济也不乏明证,这就需要国家为战略性产业提供必要的政策扶持和支撑。

为剥离社会性政策负担、优化战略性政策负担,有必要结合战略布局、行业特征和功能定位,将国有企业初步分为市场竞争类、功能承载类和公益服务类等,明确各个类别的定位、目标和核心绩效标准。其中,市场竞争类确立市场导向,确立企业经济效益最大化的目标;功能承载类确立战略任务或者重大专项任务,加强经济效益指标监控、缓解预算软约束;公益服务类确立保障社会正常运转、实现社会效益的主要目标,借助预算管理和社会监督等手段,降低成本支出,硬化预算软约束。

第二,继续推进国有企业改革,集中主要精力布局战略性产业暨完善大中型国有企业的治理结构。作为分类管理的延续,国有企业集中定位于服务国家战略、公共服务及其他存在外部性的行业或领域,致力于将国有资本战线向若干重点方向和领域集中。其一,对处于市场竞争行业且规模不大的国有企业,有步骤、分类别地推进民营化改革,鼓励非公有资本介入,实现国有资本在这些领域或行业的有序退出。其二,对处于市场竞争行业的且规模较大的国有企业,全力以赴地深化混合所有制改革,以自由流动、公平公正为基础,持续推进国有企业的混合所有制改革,实现治理机制的优化和运营效率的提高。其三,对兼具竞争性和公共性的领域,选择"政府监管、民资介入、分段运作"的方式,尽可能将公共服务社会化,政府将更多精力用于外部监管和行业规范方面。其四,对于纯公共性的领域,应主要以国有企业供给为主,但将其中涉及市场竞争环节的领域由市场化的外包非公有资本提供。

第三,平等对待股东、确立董事会决策模式,以混合所有制改革为手段完善党的领导和法人治理相结合的治理机制。对处于市场化竞争较为激烈的大中型国有企业,缓解两类代理冲突、完善公司治理机制,是深化国有企业改革、推进混合所有制的核心目标。着眼于股东利益最大化和董事会决策模式,至少可以通过以下六个方面进行公司治理机制的完善,提升公司治理水平。一是公平对待股东,明确所有股东的合法权益均受到平等保护,这应该作为公司章程的基础。二是确立董事会决策模式,明确经股东会授权,董事会是公司日常管理和运作中的最高权力机构,公司所有日常运营和经营事务最终应由董事会裁决。三是设置国有股权流动区间和动态流动机制,引进大宗股份的积极股东,发挥其对第一大股东的制衡作用,间接保护其他中小股东利益。四是建立董事会成员多元提名机制,增强董事会的独立性和专业性。五是除大股东提名外,允许中小股东组成独立董事提名委员会,负责部分独立董事提名。除违反法定事宜外,公司解聘独立董事须经独立董事提名委员会表决后执行。六是除职工监事外,其余监事会成员的提名、考核和评价应由股东会组织,其薪酬标准和发放额度也由股东会决定;其中,监事长应由中小股东组成的提名委员会提名。

第四,坚持国家对核心职位的管控,统筹管理委派人员和外聘职业经理及其激励约束机制。由于缺乏可以追溯的最终委托人,各类代理人都不拥有合法的对生产资料的个人产权,形成较为严重的"内部人控制"[1][2]。与此同时,在董事会决策模式下,"商业判定规则"催生了股东有限的干预权,阻碍了股东对自身利益的保护[3]。钱颖一(1995)提出,国家对国有企业核心职位的控制,是国家与企业之间的权利均衡,在某种程度上阻止了国有资产类似于东欧、俄罗斯那样的资产流失,肯定了国家对核心职位管控的积极作用[4]。因而,国家对国有企业核心职位的管控有必要在国有企业改革中继续保持,这将有助于弥补股东有限干预权的缺陷,减少因股东有效干预权所带来的"败德行为"。

在历次国有企业改革过程中,国家对国有企业经理人员的任免权是用来制约"内部人控制"的重要平衡力量,对国有资产的保值、增值具有重要的现实意义,这在确立董事会决策模式的公司决

---

① 参见周其仁:《公有制企业的性质》,《经济研究》2000年第11期。

② 参见李维安:《国际经验与企业实践》,《南开管理评论》2001年第1期。

③ 参见[美]卢西恩·伯切克、杰西·弗里德:《无功受禄——审视美国高管薪酬制度》,法律出版社2009年版。

④ 参见钱颖一:《企业的治理结构改革和融资结构改革》,《经济研究》1995年第1期。

策机制中尤为重要。因而,为继续发挥党或政府人事管理权的优势,建议根据国有资本比例,明确国家对董事长、总经理、财务总监等核心职位的重点管控。与此同时,委派人员和外聘职业经理并存不可避免,需要针对他们的利益诉求实行差别化的统筹管理,建立适合其实际需要的激励约束机制。

第五章　中小企业发展、融资约束与关键路径①

第一节　我国中小企业的起源、成长及重要意义

一、改革开放和我国中小企业的起源与成长

1. 中小企业的成长与非国有部门的崛起：1978—1998

新中国成立后，经过三年恢复时期和社会主义改造，到1956年基本建立社会主义制度，此后直到1978年改革开放前，我国资源配置和经济活动均按照苏联模式实行高度集中的计划经济体制，期间，国有部门就业量占全部城市就业量的80%，同时也主导了75%以上的非农业活动及工业产量；非国有部门组成主体是集体企业，其又可分为城市集体企业和农村集体企业。囿于所处区域和缺乏市场经济环境，城市集体企业主要是生产少量消费品、提供社区服务，农村集体企业主要为农业部门供应农业类生产资料。

---

① 本章数据若无特殊说明，均选自中国中小企业年鉴编委会：《中国中小企业年鉴（2014）》，企业管理出版社2014年版，第63—74页。

党的十一届三中全会全面启动经济领域的改革开放,并明确"让地方和工农业企业在国家统一计划指导下有更多的经营管理自主权"。由于当时重点是改革国有企业,所以对非公有制经济的发展并未给出明确的态度。直到农村"家庭联产承包责任制"得到较大范围的认可,才通过引入价格双轨制和地方财政包干制推行两轮非农业部门的市场改革。一方面,价格双轨制的引入既为非国有企业提供了生存空间,也催生了一批原来并不存在的企业组织形式,如:小型民营企业、经济特区的外资企业,丰富了非公有制经济的组织形式。另一方面,地方财政包干制既有助于省级、市级、县级政府控制大多数国有企业,也为乡镇政府直接控制扎根于农村的集体企业提供必要的依据。在此期间,我国乡镇企业异军突起,引起非国有部门迅速扩张。

1978—1998 年,中小企业的萌芽主要体现为乡镇企业的崛起及小型民营企业、外资企业的出现。尽管这一时期的中小企业仍未完全获得充分的合法地位,但却表现出较高的全要素生产率增长水平。朱晓冬(2013)测算发现,在 1978—1988 年,我国国有部门全要素生产率的年均增长约为 – 0.36%,非国有部门约为 5.87%。在 1988—1998 年,国有部门全要素生产率的年均增长率仅为 0.27%,非国有部门约为 2.17%。因而,中小企业萌芽阶段既提供了丰富的消费品满足人们生活需要,也为提升我国全要素生产率打开了另一条通道,还为改革开放的继续推进提供有力的支撑。

2. 中小(民营)企业发展、所有制改革与贸易自由化:1998—2007

由于退出机制的缺失,国有企业即使效益恶化也无法为非国有企业发展提供市场机遇和空间。1997年,党的十五大作出"批准国有企业所有制改革、鼓励支持民营企业发展"的重要决定,扫除了限制民营企业发展的观念阻碍和政策障碍,从而为民营企业发展营造良好的政策环境,加速推动了民营企业的迅速发展。2001年中国加入世界贸易组织,开始削减关税、扩大对外贸易、允许国外直接投资(FDI)。随着发展障碍的扫除和对外开放大门的打开,在1998—2007年城市就业总量中,民营企业和外资企业所占比重从1998年的8%迅速提高到2007年的24%,年均增速达到30%。2007年,城市中制造业所容纳的就业量有51%来自民营企业。在此期间,非国有部门全要素生产率仍保持继续增长,年增长速度达到3.67%;国有部门经过改革,其全要素生产率年增速达到5.50%,超过非国有部门①。

尽管非国有部门及企业已成为我国经济增长及转型发展的重要力量,但长期以来非公有制企业受到一些歧视、约束和限制,其中表现最为明显的就是市场准入限制和融资约束(金融抑制)。在市场准入方面,在传统国有经济所控制的行业和领域,非公有制经济仍然面临着各种直接或间接的政策性限制和阻碍。在融资约束方面,除在国有银行仍占据绝对优势外,国有企业同样取得了资本市场的政策扶持。在2008年之前,国有控股公司一直占据主板市场上市公司2/3以上的比重,成为我国证券市场最主要的股权融资主体。

3. 我国中小企业的发展现状概况:2008年至今

公有制经济和非公有制经济都是社会主义市场经济的重要组

---

① 参见朱晓冬:《理解中国经济增长:过去、现在和未来》,《比较》2013年第1辑。

成部分,都是我国经济社会发展的重要基础,党中央、国务院高度重视非公有制经济的发展。2013 年 1 月,党的十八届三中全会通过《中共中央关于全面深化改革若干重大问题的决定》(以下简称《决定》)。《决定》强调,"支持非公有制经济健康发展""公有制经济和非公有制经济都是社会主义市场经济的重要组成部分,都是我国经济社会发展的重要基础""非公有制经济在支撑增长、促进创新、扩大就业、增加税收等方面具有重要作用"。这些表述表明对非公有制经济地位和作用的新认识,为支持非公有制经济健康发展奠定了理论基础。同时,《决定》还明确指出,"必须毫不动摇鼓励、支持、引导非公有制经济发展,激发非公有制经济活力和创造力",这体现了支持非公有制经济发展的坚定信心,明确了支持非公有制经济发展的方向和重点。

随着国家支持非公有制经济各项政策措施的贯彻落实,2013 年非公有制经济继续保持快速增长的态势。统计显示,2013 年,全国规模以上中小工业企业达到 34.3 万,其占规模以上工业企业合计数量的比重高达 97.3%。除了数量上占据绝对优势外,中小企业主营业务收入规模也相当惊人,其合计收入约为 61.9 万亿元,占规模以上工业企业收入的 60.2%;资产规模为 44.3 万亿元,占规模以上工业企业的 52.0%;实现利润 3.8 万亿元,占规模以上工业企业的 60.7%;实现税金 2.2 万亿元,占规模以上工业企业的 48.9%;实现出口交货值 4.9 万亿元,占规模以上工业企业的 42.9%。

二、发展中小企业的重要意义

中小企业作为我国经济的重要组成部分,是促进我国国民经济和社会发展的重要力量。促进中小企业又好又快发展,不但有助于推动我国经济增长、适应和引领新常态,也对国计民生和社会稳定具有不可忽视的重要意义,这主要表现在以下五个方面①。

1. 有助于扩大经济总量、增加固定资产投资规模。国家工商总局数据显示,截至 2013 年底,全国实有私营企业 1254 万户,比上年底增加 168 万户,比上年增长 15.5%,占全部实有企业数量由上年底的 79.4%增长至 82.1%;注册资本(金)39.3 万亿元,比上年增长 26.4%。2013 年,全国民间固定资产投资 27.5 万亿元,较上年提高 23.1%,较全国固定资产投资(不含农户)19.6%的增速高出 3.5 个百分点。

2. 有助于增加纳税、提高国家财政收入。国家统计局数据显示,全国规模以上非公有制工业企业②2013 年实现税金总额高达 2.4 万亿元,占规模以上工业企业税金总额的比重约为 52.4%,较上年提高 2.0 个百分点;比上年增长 15.7%,增速比同期规模以上工业企业(11.0%)高 4.7 个百分点,比同期规模以上国有控股企业(6.3%)高 9.4 个百分点。其中,规模以上私营企业工业企业实现税金总额 1.1 万亿元,占非公有制工业企业税金总额的 46.9%,比上年增长 17.0%。

3. 有助于改善国家整体企业经济效益。国家统计局数据显示,2013 年非公有制工业企业主营业务收入 74.0 万亿元,比上年增长 13.3%,比同期规模以上工业企业营业收入增速(11.2%)高

---

①　本节以下涉及的数据参见国家工商总局网站,http://www.saic.gov.cn/gwdt/gsyw/zjyw/xxb/201401/t20140114_141158.html。

②　非公有制工业企业均指规模以上非公有制工业企业,即年主营业务收入 2000 万元以上的企业,包括私营、外商、港、澳、台及其所控股的企业。

2.1 个百分点,比同期规模以上国有控股企业增速(6.1%)高 7.2 个百分点。全年实现利润总额 4.6 万亿元,占规模以上工业企业的 72.5%,比上年增长 14.6%,比同期规模以上工业企业利润增速(12.2%)高 2.4 个百分点,比同期规模以上国有控股企业增速(6.4%)高 8.2 个百分点。

4. 有助于扩大就业、缓解就业压力。国家工商总局数据显示,截至 2013 年底,全国私营企业从业人员 12522 万人,比 2012 年 11296 万人增加 1226 万人,增长 10.9%。全国个体工商户从业人员 9336 万人,比 2012 年 8628 万人增加 708 万人,增长 8.2%。2013 年,新增私营企业和个体工商户从业人员 1184 万人,占新增城镇就业人口的 90.4%。

5. 有助于提升产品竞争力、增加对外出口。海关总署数据显示,2013 年,非公有制企业(不含外商投资企业)出口总值 9168 亿美元,比上年增长 19.1%,比全国出口增速(7.9%)高 1.2 个百分点;占全国出口总值的比重由上年底的 37.6%增长至 41.5%,提高 3.9 个百分点。

第二节　中小企业的行业分布、所有制归属与地域特征

一、中小企业发展现状的行业视角

改革开放以来,我国中小企业发展迅速,几乎分布于所有未设准入门槛的行业。受制于要素禀赋结构,不同行业的中小企业发

展不均衡,这从资产规模、主营业务收入、净利润、税金及出口等指标可以看出。

1. 主要财务指标与中小企业发展的行业不均衡

从资产规模来看,中小企业资产规模最高的十大行业占中小企业资产的比重为 58.8%,不同行业资产规模比较不均衡。其中,电力热力生产和供应业 5.2 万亿元,化学原料和化学制品制造业 3.7 万亿元,非金属矿物制品业、电气机械和器材制造业超过 3.3 万亿元,通用设备制造业 2.2 万亿元,农副食品加工业、计算机通信和其他电子设备制造业、专用设备制造业超过 1.5 万亿元,金属制品业、汽车制造业均超过 1.6 万亿元。

从主营业务收入来看,中小企业实现主营业务收入最高的十大行业占中小企业主营业务收入的 57.2%,不同行业的主营业务收入同样不均衡。其中,化学原料和化学制品制造业、农副食品加工业、非金属矿物制品业超过 4.5 万亿元,电气机械和器材制造业、通用设备制造业超过 3.1 万亿元,黑色金属冶炼和压延加工业、金属制品业、纺织业、电力热力生产和供应业、有色金属冶炼和压延加工业均超过 2.6 万亿元。

从净利润规模来看,中小企业利润最高的十大行业占中小企业利润的 57.1%,其行业分布比较不均衡。其中,非金属矿物制品业、化学原料和化学制品制造业在 3000 亿元以上,农副食品加工业、电力热力生产和供应业、通用设备制造业、电气机械和器材制造业超过 2000 亿元,专用设备制造业、金属制品业、汽车制造业超过 1500 亿元,纺织业超过 1400 亿元。

2. 税金总额、出口产值与中小企业发展的行业不均衡

从税金总额来看,中小企业实现税金总额最高的十大行业占

中小企业的比重为 53.7%,其行业分布不均衡。其中,非金属矿物制品业、化学原料和化学制品制造业超过 1700 亿元,电力热力生产和供应业、通用设备制造业、农副食品加工业、电气机械和器材制造业、石油加工炼焦和核燃料加工业超过 1000 亿元,通用设备制造业接近 1000 亿元,煤炭开采和洗选业、金属制品业、纺织业超过 80 亿元。

从出口产值来看,中小企业出口最高的十大行业占中小企业出口的比重接近七成,其行业分布表现得相当不均衡。其中,计算机通信和其他电子设备制造业超过 6600 亿元,电气机械和器材制造业、纺织服装服饰业超过 4000 亿元,文教工美体育和娱乐用品制造业超过 3000 亿元,化学原料和化学制品制造业、纺织业、金属制品业、通用设备制造业超过 2500 亿元,农副食品加工业、皮革毛皮羽毛及其制品和制鞋业超过 2300 亿元。

二、中小企业发展现状的所有制视角

在我国,中小企业依据所有制类型可分为 9 种,即:私营企业、有限责任公司、外商投资企业、港澳台商投资企业、股份有限公司、国有企业、集体企业、股份合作企业和联营企业等。就数量分布而言,私营企业有 19.3 万家,占中小企业总数的 56.3%;有限责任公司有 6.7 万家,占 19.6%;外商投资企业有 2.9 万家,占 8.5%;港澳台商投资企业有 2.5 万家,占 7.2%。以上四种类型占 91.6%、构成了中小企业的主体,其他 5 种类型合计不到 10%。其中,股份有限公司有 0.8 万家、国有企业有 0.6 万家、集体企业有 0.5 万家、股份合作企业有 0.2 万家、联营企业只有 468 家。

1. **不同所有制中小企业的资产规模、主营收入与净利润**

与数量分布不均相类似,不同所有制的中小企业资产规模也存在巨大差异。资产规模最大的私营企业合计达到14.7万亿元,占中小企业资产规模总量的33.1%;有限责任公司次之,其资产规模约为1.9万亿,占26.9%;接下来是外商投资企业,其资产规模达到5.8万亿元,占13.1%;再接下来是港澳台商投资企业,其资产规模约为4.1万亿元,占9.3%;其他类型的资产规模合计为7.8万亿元,占比17.6%。

随着资产规模的分布不均匀,不同所有制类型的中小企业主营收入和利润也存在巨大差异,呈现出分布不均衡态势。私营企业实现主营业务收入和净利润分别为29.0万亿、1.9万亿元,相应占比46.3%、48.9%;有限责任公司主营业务收入和净利润分别为13.3万亿元、7798.5亿元,相应占比21.2%、20.4%;外商投资企业分别为7.2万亿元、4600.8亿元,相应占比11.5%、12.1%;港澳台商投资企业分别为4.8万亿元、2554.4亿元,相应占比7.9%、6.7%;其他中小企业分别合计为7.7万亿元、4554.7亿元,相应占比12.3%、11.8%。

2. **不同所有制中小企业的税金与出口交货值**

私营企业实现税金10018.1亿元,占中小企业总税金的44.8%;有限责任公司为4776.9亿元,占21.4%;外商投资企业为2386.9亿元,占10.7%;港澳台商投资企业为1461.7亿元,占6.5%;其他中小企业合计为3710.3亿元,占16.7%。

外商投资企业实现出口交货总值约为15892.2亿元,占中小企业出口交货值总量32.7%左右。私营企业13858.9亿元,占28.5%;港澳台商投资企业为12097.5亿元,占24.9%;有限责任公司为4651.3亿元,占9.6%;其他中小企业合计为2128.3亿元,占4.3%。这表明,在中小企业出口排名中,外资企业排名第一,私营企业和港澳台商投资企业分列第二、第三,这三者比重合计超过中小企业出口额的86%。

三、中小企业发展的区域/地区视角

围于不同省(市)的自然条件、资源状况和工业基础等差异,我国中小企业整体存在明显地区分布和发展双重不均衡的特点。就中小企业数量而言,东部地区相对较多且发展较快,中西部和东北地区相对较少且发展相对滞后①。东北地区共有2.6万家,占7.7%;东部地区共有20.2万家,占58.9%;西部地区合计有4.3万家,所占比例约为12.6%;中部地区共有7.1万家,所占比例达到20.8%。就不同省(市)而言,江苏、广东、山东、浙江共有15.6万家中小企业,占全部中小企业的45.5%,每个省中小企业所占比重都超过了10.0%。

1. 中小企业资产规模、主营业务与利润的区域/地区分布

从中小企业资产规模的分布看,东部地区为24.4万亿元,占55.1%;西部地区为8.5万亿元,占19.3%;中部地区为8.0万亿元,占18.1%;东北地区为3.3万亿元,占7.5%。江苏、浙江、广东、山东的资产合计依次为5.2万亿元、4.4万亿元、4.1万亿元、

① 东部地区包括:北京、天津、河北、上海、江苏、浙江、福建、山东、广东和海南(此外不包括香港、澳门和台湾)。中部地区包括:山西、安徽、江西、河南、湖北和湖南。西部地区包括:内蒙古、广西、重庆、四川、贵州、云南、西藏、陕西、甘肃、青海、宁夏和新疆。东北地区包括:辽宁、吉林和黑龙江。

3.8 万亿元,其占中小企业资产总计的比重相应约为 2%、10%、9%、9%。四省中小企业资产合计为 17.5 万亿元,占中小企业资产的 39.5%。

以主营业务收入为标准进行衡量,东部地区中小企业合计为 35.1 万亿元,占 56.6%;西部地区为 8.1 万亿元,占 13.1%;中部地区为 13.1 万亿元,占 21.1%;东北地区为 5.7 万亿元,占 9.2%。苏、浙、粤、鲁这四省的中小企业主营业务收入合计为 26.6 万亿元,占中小企业主营业务合计收入的 42.9%。

从各地区中小企业实现的利润来看,东部地区为 212889 亿元,占 56%;西部地区为 5164 亿元,占 14%;中部地区为 8559 亿元,占 22%;东北地区为 3143 亿元,占 8%。山东、江苏、河南、广东四省中小企业利润总额依次为 5536.6 亿元、5184.0 亿元、510.5 亿元、385.9 亿元,占中小企业利润的比重分别为 13.4%、12.5%、8.7%、7.6%。

2. 中小企业税金与出口交货值的区域/地区分布

就实现税金而言,东部地区中小企业为 12311.2 亿元,占 55.1%;西部地区为 3683.8 亿元,占 16.5%;中部地区为 4540.7 亿元,占 16.5%;东北地区为 1818.5 亿元,占 8.1%。山东、江苏、广东、浙江四省中小企业分别实现税金 3088.6 亿元、3077.5 亿元、1734.4 亿元、1609.4 亿元,占中小企业税金的比重分别为 13.8%、13.8%、7.8%、7.2%。

从对外出口来看,东部地区中小企业实现出口交货值 4107.4 亿元,占 84.5%;西部地区为 1460.4 亿元,占 3.0%;中部地区为 3793.9 亿元,占 7.8%;东北地区为 296.4 亿元,占 4.7%。广东、浙江、江苏、山东四省中小企业分别实现出口交货值 12296.8 亿元、8222.3 亿元、7914.5 亿元、428.9 亿元,占中小企业出口额的比重分别为 25.3%、16.9%、16.3%、8.8%。这四省出口额合计 3.3 万亿元,其所占中小企业出口接近 70%。

四、中小企业发展的主要特征

上述统计分析表明,东部地区中小企业的发展程度和经济实力较中西部及东北地区高出许多。除出口交货值外,东部地区中小企业所占比例基本都在 55.0% — 59.0%,而中部在 18.0% — 22.5%,西部在 12.5% — 18.5%,东北地区在 7.5% — 9.3%。从全国来看,中小企业资产占规模以上工业的资产比重超过五成。东部、中部、西部地区规模以上工业五成以上的资产分布在中小企业,东北地区中小企业的资产比例也接近半壁江山。

全国来看,规模以上工业六成以上的主营业务收入由中小企业实现。分区域看中小企业的贡献度,中部地区超过五成,东北地区超过 65%,东部地区接近六成,西部地区超过五成。中小企业贡献了规模以上工业六成以上的利润。分区域看中小企业的贡献度,中部地区超过七成,东北地区接近 65%,东部地区接近六成,西部地区超过五成。中小企业上交税金占规模以上工业的税金比例接近 50%。分区域看中小企业的贡献度,东部、中部地区超过五成,西部和东北地区超过四成。中小企业实现出口交货值占规模以上工业的比例超过四成。分析中小企业对规模以上工业出口的贡献,东部、中部地区四成以上的出口额由中小企业贡献,西部地区中小企业的出口额超过二成,东北地区中小企业的出口额接近六成。

综上所述,我国中小企业存在着明显的不均衡特征。这种不均衡不仅体现在行业差异、所有制差异,也体现在区域差异、地区差异。这种差异意味着不同行业、不同所有制和不同地区/区域的中小企业需要不同的政策支持,以便解决其发展过程中所面临的实际问题。故而,为进一步推动中小企业发展,适应新常态下的供给侧结构性改革,必须因地制宜地制定不同的鼓励政策、扶持政策,推动中小企业健康、持续发展。

第三节 中小企业发展的融资约束与关键路径

一、中小企业发展的融资需求及其特征

1. 中小企业生命周期与融资需求

与其他企业发展规律一样,中小企业生命周期可分为种子期、起步期、成长期和成熟期。在不同阶段,中小企业主要工作内容不同,其相应的资金需求也存在较大差异。出于降低融资成本的诉求,不同阶段所需要的融资规模、期限和类型等存在较大不同。

在种子期,中小企业更多处于创意模式的探索阶段或科研项目的实验阶段,所需资金数量有限但风险较大,存在高度不确定性。在内源融资不足的情况下,处于种子期的中小企业倾向于获得风险投资或政府资助等作为引导基金,助力中小企业完成创意模式或科研项目的培育。

在起步期,中小企业以种子期取得的成果为基础,着手将创意模式或科研项目进行规模化、商业化生产。为此,中小企业需要购

置生产设备、厂房及其他固定资产,形成初步的产品生产能力或服务提供能力。随着步入正常运转周期,中小企业资金需求规模逐渐扩大、周期越来越长,但相应地可抵押物随之增加。在此过程中,中小企业可行的融资渠道有商业银行贷款或私募股权融资。

在成长期或成熟期,中小企业为追求日益扩大的市场机会,而需要外部资金来扩大生产规模。在内源融资不足的情况下,中小企业唯有通过外源融资满足扩大规模的资金需求。由于中小企业处于业务成长期,其现有业务和未来成长容易为外部投资认可。在此情况下,中小企业既可以选择商业银行贷款,也可以择机选择公开上市或私募融资。随着我国多层次资本市场的建立,尤其是创业板和新三板的开辟,中小企业股权融资渠道和门槛较之前大为降低,为中小企业提供了更多的可选渠道。

2. 中小企业资金缺口与融资需求

中国中小企业平均寿命大体为3—4年,每年有近100万家企业倒闭,约为美国的10倍①。这表明,中国中小企业的发展之路确实比较艰难,需要政府和社会共同的关注和扶持。在中小企业的生命周期中,其融资需求主要有以下若干方面,即:扩大生产约占50%,维持正常生产约占25%,技术研发约占20%,其他原因约占5%②。

第一,扩大生产不仅意味着要投入更多的人工、材料、水电、管理等费用,还需要购买机器设备、建造新厂房等大额的固定资产投资。由于发展历史较短,自有资金积累不足,大多中小企业因内源融资不

---

① 参见梁桂全:《第二届中国中小企业合作与发展高峰会暨西江产业发展论坛上的发言》,《广州日报》2004年11月20日。

② 参见姚益龙:《东莞市中小企业"融资难"问题研究调查数据》,中山大学岭南学院,2007年。

足而面临外源融资需求,这是其正常成长的客观需要和自然需求。

第二,由于资金短期周转出现短缺或自有资金不足以支撑正常运营所需的货币资金,中小企业在生产销售旺季或回款淡季就容易产生外部融资需求,其中包括企业与企业之间存在的"三角债"问题。在这种情况下,一旦资金需求得到满足,就能继续生产运营和发展;否则,可能因此陷入资金短缺的危机。

第三,鉴于技术研发高投入、高风险、回报周期较长等特点,大多数中小企业缺乏自主研发动力和能力,相应地不存在这方面的融资需求。但对一些高新技术型的中小企业,其研发投入成为其培育核心竞争力的重要保障。在此情况下,中小企业就需要借助外部融资渠道,为其研发投入提供融资、分担风险、分享高收益。

3. 中小企业行业差异与融资需求

鉴于不同行业的资产结构不同,其相应的中小企业所需的资金规模、周期和成本也存在差异,使得其融资需求也存在较大差异。这里仅就一般意义上的行业类型进行说明,具体融资需求还需要考虑更加细化的行业分类,此处不再赘述。

对于制造业型的中小企业而言,其生产环节较为复杂,资金需求也相当多样,涉及诸多方面和类型,如:能源、原材料、半成品、支付工资等短期资金,购买设备、建立新厂房、技术研发等中长期资金,以及与产品营销相关的结构化金融产品。这种不同类型的融资需求,使得制造业型的中小企业资金需求规模大、周转慢、风险高及融资普遍难度大。与此同时,这类行业中小企业对经济增长贡献度较高,也使得其成为政府扶持和关注的重点。

对于服务业型的中小企业而言,其资金需求主要表现为流动资金贷款和经营性开支借款,特点是规模小、频率高、周期短、随机性大,其融资需求主要为短期债务性融资。由于违约风险相对较小,企业数量较大,使得其融资需求较容易从中小银行得到满足。

对于高新技术型的中小企业来说,其主要业务通常具有高投入、高成长、高回报、高风险的特征,使得其融资需求规模较大、周期较长、风险较高。在这种情况下,传统的债务融资往往难以为其提供融资服务,而是需要股权融资,尤其是私募股权投资。在此过程中,政府通过建立引导基金,吸引社会资本共同参与,采用有限合伙、信托或公司制等多种模式组建创新基金,为这类中小企业提供融资来源,满足其发展过程中的融资需求。

二、动员型金融、多层次融资、所有制非平等竞争与中小企业融资约束

1. 动员型金融与中小企业融资约束

新中国成立后,我国金融体系一直是银行主导型的,国有银行掌控着国家 80% 以上的金融资源,负责为国有部门提供资金支持。在改革开放之前的传统计划经济时代,国有企业作为国家实施"赶超战略"的执行主体,按照上级主管部门的宏观调控进行物资调拨、产品生产和金融配置。其中,金融资源配置主要是靠上级部门通过银行进行拨款。重工业优先发展战略促使国有企业的"三位一体"(指价格扭曲、行政配置和微观经营没有自主权),包括相应的金融资源或信贷资金的配置①。在这一时期,我国按照

---

①　参见林毅夫:《解读中国经济》(增订版),北京大学出版社 2015 年版,第79—80 页。

重工业优先发展的战略配置金融资源、设置金融服务机构，形成了所谓的"全国动员型"金融支撑体系，基本没有为中小企业服务提供融资空间，尤其是非国有部门的中小企业。

改革开放以后，我国不断推进社会主义市场经济体制的改革，其中包括"拨改贷"等具体措施，努力构建以国有商业银行为主体的金融体系，并利用资本市场支持国有银行股份制改造和首次公开募股（Initial-Public-Offerings，简称IPO）上市。在改革开放初期，掌控地方经济资源的地方政府迫于GDP竞争的压力，以行政干预的方式到驻地商业银行进行贷款，动员当地金融资源，为当地国有企业和大型民营企业融资提供资金支持。由于缺乏内源融资且融资主体大多来自制造业，使得这些贷款期限较长、规模较大。在这一时期，地方政府所推动的"动员型"金融极大地支持了地方国有企业和当地大型民营企业发展，形成了所谓"地方动员型金融"。鉴于金融资源有限，地方政府的行政干预将更多资源和资金投向数量不多的国有部门和大型民营经济体，这在一定程度上直接挤占大多数中小企业可用的资源和资金，从而不可避免地抑制了中小企业融资行为，造成中小企业的融资约束。

2. 所有制非平等竞争与中小企业融资约束

改革开放之前，我国实施重工业优先发展战略，在全国范围内形成公有制经济"一统天下"的局面。在此期间，非公有制经济①作为公有制经济的"对立物"，得不到社会机构及国家行政机关的平等对待，不但不能获得来自国家层面的金融支持，甚至被歧视、

————

①　非公有制经济，是从经济活动单位的财产所有权角度提出的概念，是相对于国有、集体经济之外的经济成分，包括个体、私营、外资经济，以及各种混合所有制经济中的非国有、非集体成分。

被消灭。直到改革开放以后,国家逐渐重视非公有制经济的地位,其表述也相应调整,先后从经济发展的"有益补充",到如今的"社会主义市场经济的重要组成部分""经济社会发展的重要基础"。这表明,随着社会主义市场经济体制改革的推进,国家对非公有经济越来越重视,其定位也越来越重要。

　　但长期以来非公有制企业受到一些歧视、约束和限制,也在融资上受到不平等待遇。以沪深 A 股主板上市公司 2000 年的数据为例,国有控股公司占所有上市公司数量的三分之二以上,其融资规模占比更是高达 85%。李静等(2013)利用 1998—2007 年制造业的微观数据证实,所有制非平等竞争导致的不合理部分能够解释总差异的 50% 以上。① 2013 年,我国企业负债的 80% 以上来自国有企业,非国有企业所占的比重不足 20%。这表明贡献了 80% 产出的非国有企业和中小企业仅能分得不足 20% 的信贷资金。2000—2007 年,国有企业约支付 1.6% 的融资费率,其他非国有企业,其中主要是中小企业,其融入资金的利率水平约为 4.68%,约为同期国有企业融资费率的 3 倍。② 非国有企业的融资约束大于国有企业,且非国有企业所面临的所有制非平等竞争是企业融资的重要障碍。③ 除短期信贷外,其他融资渠道对非公有制经济的开放度很有限,受到诸多潜在的限制或抑制。一方面,我国以银行为主体的间接金融体系,本身就对缺乏固定资产抵押的中小企业

---

①　参见李静、彭飞、毛德凤:《企业金融资源配置:禀赋差异抑或所有制歧视》,《南方经济》2013 年第 6 期。

②　参见刘小玄、周晓艳:《金融资源与实体经济之间配置关系的检验》,《金融研究》2011 年第 2 期。

③　参见支燕、白雪洁、邓忠奇:《资本约束、效率激励与所有制歧视》,《财贸研究》2014 年第 1 期。

形成融资的不利环境，使得其获得融资的概率大大降低。另一方面，我国面向企业的直接融资债券市场发展相对滞后，在一定程度上也不利于中小企业利用较为市场化的融资平台获得资金，致使非公有制企业的融资需求存在巨大的缺口，制约了中小企业的成长及非公有制经济的发展，以致非公有制经济"融资难"成为社会广泛关注的焦点话题。

3. 资金供求结构与中小企业融资约束

改革开放以来，我国金融市场得到快速发展，金融体系不断趋于完善。从金融市场供给视角来看，我国金融体系可以分为四个层次。第一层次是工农中建交五大国有银行，形成金融体系金字塔的"塔尖"，具有体制内优势，其主要服务对象为各级国有大型企业及实力雄厚的民营大企业。第二层次是股份制银行，体制机制灵活、成长较快，其主要服务对象为地方国有企业和民营大中型企业。第三层次是新兴股份制银行或金融机构，多由原来的信用社改制而来，其主要客户为传统银行一时难以覆盖的市场空白，包括民营企业及一些大中型企业。第四层次是农信社、农村商业银行、村镇银行，以及民间金融中介如担保公司、小额贷款公司等最新出现的金融机构或准金融机构，其潜在客户正是民间基层市场上的民营或中小企业、个体工商户或农户及一些零星的大中型企业。

在上述四层次供给结构中，大型企业的市场需求与国有大银行供给相匹配，使得国有银行贷款首先以满足国有大中型企业为首要目标，其次是满足部分民营大型企业。对于第一层次金融机构来说，这些企业因资产规模较大、抵押基础厚实、监督成本较低而成为其主要目标客户，为其带来风险相对较低、收益较高的业务收入，从而使其难以兼顾中小企业的融资需求。对于第二层次的金融机构，地方大中型国有企业和民营企业往往是其首选对象，这其中的原因与第一层次金融机构类似。在这种情况下，那些规模较小、处于成长期的中小企业只有靠第三层次的金融机构。由于第三层次的金融机构大多复制商业银行模式，难以为那些以薄信息为特征的中小企业服务，满足其资金需求。与此同时，我国资本市场融资门槛偏高、债券市场发育不成熟、新兴金融机构创新不足，使得这些中小企业难以得到它们需要的资金供给，从而形成中小企业发展中的融资不足，这种现象广泛存在于那些处于高成长期的或急需市场扩张的或正从事技术攻关创新的民营企业。如果这种资金缺口不能及时满足，不但大大降低这些中小企业的成长速度和创新能力，甚至会直接影响它们的存活概率，使其不能按照市场成长规律得以发展壮大。

三、缓解中小企业融资约束的内在逻辑与关键路径

1. 转变观念、消除所有制非平等竞争

长期以来，中小企业获得长足发展，但中小企业尤其是非公有性质的中小企业事实上还远没有得到与国有大中型企业一样的行业进入、融资便利等方面的待遇，因此其发展受到一定障碍，甚至抑制了我国全要素生产率的持续增长。尽可能消除中国各省之间以及国有和非国有部门之间的要素市场扭曲能带来一定程度的潜在生产率增长。据测算，这将使得中国非农经济的潜在生产率至少增加20%；其中，10%来源于消除地区之间的劳动力回报差异，10%来自消除国有部门和非国有部门之间的资本回

报差异①。因此,发展中小企业对我国经济适应新常态、实现经济
增长和发展方式转型、走出结构性减速区间等至关重要。为此,有
必要进一步转变观念,切实消除不同所有制之间的非平等竞争,按
照市场规则公平对待中小企业的产权保护、税收负担、市场准入及
融资等,为中小企业发展创造公平、公正的市场环境。

我国高度重视中小企业发展,近十多年来陆续出台相关法律
规范和政策文件等予以支持。2009 年国务院发布《关于进一步促
进中小企业发展的若干意见》(国发〔2009〕36 号);2010 年,国务
院下发《关于鼓励和引导民间投资健康发展的若干意见》(国发
〔2010〕13 号);2011 年,银监会发布《关于支持商业银行进一步改
进中小企业金融服务的通知》,加大对单户金额 500 万元以下(含
500 万元)的小企业贷款支持力度。2013 年 11 月,党的十八届三
中全会通过的《中共中央关于全面深化改革若干重大问题的决
定》(以下简称《决定》)强调,"支持非公有制经济健康发展""公
有制经济和非公有制经济都是社会主义市场经济的重要组成部
分,都是我国经济社会发展的重要基础""非公有制经济在支撑增
长、促进创新、扩大就业、增加税收等方面具有重要作用"。这些
无不表明国家对非公有制经济地位和作用的充分肯定和高度重
视,为支持非公有制经济健康发展奠定了制度基础。

2. 提升归口行政管理机构级别与强化中小企业支持力度

改革开放以来,随着中小企业发展,我国政府也越来越重视,
并通过政府机构改革强化对中小企业的支持。在国家层面,先后

---

① 参见 Brandt et al.2012:"Creative Accounting or Creative Destruction? Firm-level Productivity Growth in Chinese Manufacturing",Journal of Development Economics,97(2):339-351。

设立工信部中小企业司、农业部乡镇企业局、国家工商管理总局个体私营经济监督管理司等。在地方层面,大多数省、市纷纷成立经济信息委(工业信息委)。这种行政机构设置反映国家及地方对中小企业发展作用的认识,及对其经济地位的认同度。但地方原有的中小企业局降级为信息委下的处级单位,随着近年来中小企业的蓬勃发展,这种机构设置在某种程度上难以适应中小企业发展的需要。

在我国,政府作为参与经济运行的重要主体,直接或间接地掌握大量的政策资源、实物资源和金融资源。如何合理、合规地从政府手中分享部分政策扶持或资源支持,是中小企业发展过程中的重要内容。在所有制不平等竞争一时难以完全消除的情况下,可以通过行政管理机构层面的调整、优化,以强化对中小企业发展的扶持力度和支持强度。如在宏观层面,设立国务院直属的中小企业归口行政管理机构,负责从国家层面对中小企业发展予以指导、支持,集中国家政策资源解决中小企业发展过程中面临的障碍和难题,以及牵头与其他国务院直属机构对接,协同落实相关政策的落实和跟进。在微观层面,提升地方中小企业主管部门的行政级别,以与国务院直属管理机构和地方各级行政管理机构对接,直接参与制定有关扶持政策、资金支持政策等,为地方中小企业发展创造公平、公正和有利的外部环境。

3. 信用担保体系及管理体系与降低中小企业融资成本

信用担保作为企业增信的重要方式,有利于降低融资过程中的信息不对称,缓解中小企业融资压力。在日本,政府除了建立中小企业信用担保体系外,还实行独具特色的中小企业信用保证保险制度及损失赔偿制度,将保险机构的力量引入中小企业的信用担保,以此加大对中小企业信息的挖掘广度和深度,提升对其信用风险评价的精准度。这种信用体系构建有利于增强中小企业的融资能力,同时将政府扶持中小企业发展的产业政策贯彻落实,为中小企业快速而健康地发展铺平道路。

目前,我国中小企业担保体系主要以民营资本组建的担保公司为主,具有政府背景的担保机构相对较少。担保机构作为类金融机构之一,同样存在金融机构风险传导和信贷配给的问题。因而,民营担保公司潜在的不足之一就是过度追求利润、承担过度风险,不利于整个金融体系的风险管理,并由此引起中小企业融资困境。可以借鉴日本的成功经验,缓解中小企业的融资压力。一方面,通过完善小额信贷立法,鼓励行业自律的小额信贷机构发展,利用给予正式的法律地位促进其健康发展。另一方面,强化政府引导,鼓励社会资本参与,建立国家层面的中小企业融资信用担保体系及相应的管理机构。

4. 多层次资本市场与中小企业发展

与成熟的大中型企业相比,中小企业数量庞大、行业覆盖众多、资产规模参差不齐、技术创新能力千差万别、生命周期不尽相同,不同企业的融资规模、期限、风险和成本也存在巨大差异,因而,任何单一的金融产品很难满足复杂多样的中小企业融资需求。对于规模扩张型的中小企业,其发展较为成熟,有一定的抵押品,银行资信评级较高,使得中小商业银行成为其主要融资渠道或首选融资渠道。对于正处于成长期的中小企业,其商业模式初步形成、市场空间巨大、未来成长性较高,使得中小板或创业板或新三板等资本市场可能成为其首选渠道。对于刚刚组建、正在技术创新攻关尚未正常商业运作的中小企业,其所面临的风险巨大和潜在收益超高但却几乎没有硬信息的保障,这使得风险投资或政策性资金支持成为其仅有的融资渠道。

面临中小企业复杂多样的融资需求,有必要根据实际需要建立多层次的资本市场体系。一是借鉴成熟市场经验,引入较为先进的市场交易机制,结合我国中小企业发展的现状和法律制度相对不完善的国情,研究和探索建立全国范围统一监管的场外交易市场,拓展中小企业融资渠道。二是进一步推进和发展中小板、创业板和新三板市场,逐步完善不同市场新股发行机制、再融资制度、退市制度和并购机制,为不同类型的中小企业上市融资提供多元化、多层次的融资渠道。三是进一步完善相关政策法规和社会信用体系建设及监管规范,为创业投资和私募股权投资基金发展创造宽松、规范、严格的市场环境,推动其为中小企业发展提供更加直接的融资渠道。四是完善企业破产法、强化企业破产机制、加大对债权人利益保护,为债券市场发展提供良好的环境,推动中小企业借助固定收益类产品进行融资。

5. 区域/地区不均衡与中小企业发展

从理论上讲,金融发展应该与经济发展阶段、增长模式和规模体量等相适应,以适应企业实际需要。处于不同发展阶段、不同发达程度的地区或企业,需要不同的融资体系和政策环境。我国中小企业发展明显存在区域不均衡,如:东部地区中小企业资产规模为24.4万亿元,占55%;中西部和东北地区仅有45%,以及存在地区不均衡,如:江苏、浙江、广东、山东四省中小企业资产合计为17.5万亿元,占中小企业资产规模总数的39.5%。这种区域或地区不均衡,使得其中小企业所面临的融资约束存在较大差异,在客观上需要不同地区要因地制宜,制定符合自身实际需要的中小企业支持政策。

因而,我国应从宏观层面允许各地区在国家宏观政策指导下,结合自身实际情况,制定符合当地中小企业发展的支持性政策。如对东部地区及中小企业较发达的省份,国家应允许其积极与国际成熟经验或模式对接,大力依托现代资本市场为中小企业发展提供资金支持,尤其是重视私募股权投资基金和场外交易市场的发展,同时对民间融资进行引导和规范,建立起与正规金融相得益彰的融资渠道。对中西部地区和东北地区及中小企业欠发达的省份,国家应引导其积极借鉴东部地区的成功经验,必要时直接从东部地区进行模式复制和融资渠道对接,着重将东部地区的成功模式和重点机构引入,重点依托中小银行及相对成熟的资本市场体系进行融资。尽可能避免另起炉灶,盲目建设和创新,

第六章 小微企业发展、政策支持与自生能力

第一节 我国小微企业的发展现状

一、产业转型、社会分工与我国小微企业的起源

1. 小微企业的界定与范畴

一般来说,小微企业指劳动力、劳动资料和劳动对象在企业中集中程度较低,或者生产和交易数量规模较小的企业。由于小微企业涉及经济、社会、就业等多个领域,其发展对缓解就业压力、稳定经济增长和开展技术创新等方面有诸多优势。美国小(微)企业共 2000 多万家,占全国企业总数的 99% 以上,创造 50% 以上的GDP,吸纳 50% 以上的就业人口。在日本,中小(微)企业总数占90%,吸纳 80.6% 的劳动力。在欧盟,雇员不超过 250 人的企业约有 1792.4 万户,占总数的 97%,其产值约占总产值的 55%。我国自从改革开放以来,小微企业产值占 GDP 的总量超过 50%,缴纳税金占比超过 40%,吸纳城镇就业人口超过 75%。[①] 正因如此,世

---

① 参见陈永杰:《西方国家中小企业发展经验及其借鉴》,《管理世界》1997年第 2 期。

界各国高度重视小微企业发展,并根据实际情况出台专门政策予以支持。

　　为使政策扶持更有针对性,各国根据自身的实际情况制定小微企业界定标准。在美国,企业主要以资产规模为基准,被划分为大型企业与小型企业,其中涉及的小微企业属于小型企业范畴,但其界定相对比较模糊。在欧盟,企业被划分为大型企业、中型企业、小型企业与微型企业,其中对微型企业的界定与我国小微企业的内涵较为接近。由于我国产业结构不断调整,其中涉及的微观经济体及其行业分布也呈现出动态变化过程,使得小微企业的界定相对较为模糊,甚至将其作为中小企业的一部分。近年来,随着我国金融体系的不断完善和融资渠道的日益增加,不少原来意义上的、规模较大的中小企业面临的融资压力有所缓解,反倒是那些规模偏小的、盈利能力较低的微型企业面临巨大融资压力,迫切需要政府予以支持。这些小微企业发展对稳定我国经济增长至关重要,使得我国政府专门对其予以界定,以便制定更有针对性的政策和举措。从广义①上来说,小微企业通常是指所有小型企业和微型企业,还包括星罗棋布的个体工商户,其认定标准参照工信部、国家统计局、发改委、财政部联合印发的中小企业划分标准规定,其盈利能力通常偏低,在现有市场化的正规金融体系中缺乏相应的融资供给。根据研究需要,

---

　　①　狭义上的小微企业只指税法上的小型微利企业,特指符合《中华人民共和国企业所得税法实施条例》第92条规定的小型微利企业,包括年度应纳税所得额不超过30万元的工业企业和其他企业,且工业企业的从业人数不超过100人,资产总额不超过3000万元;其他企业,年度应纳税所得额不超过30万元,从业人数不超过80人,资产总额不超过1000万元。

我们将小微企业界定为小型企业、微型企业、家庭作坊式企业、个体工商户的统称①,其典型特征是雇员人数少、产权和经营权高度统一、自主经营、以家族式的管理为主、在同行业中不占垄断地位等②。

2. 结构性减速、创新创业与小微企业兴起

与中小企业类似,小微企业的兴起同样发生在改革开放之后,与我国经济增长和产业转型相伴相生。尤其是 2008 年全球金融危机的爆发,使得我国不少传统制造业及中小企业举步维艰,主动或被动地进行产业转型升级,包括不少劳动力再就业。随着第二产业向第三产业的转型升级及结构性减速带来的就业压力不断积聚,小微企业发展已得到我国政府高度重视。

2012 年党的十八大以来,包括小微企业在内的中小企业发展进一步得到重视和支持,国家深入开展体制机制改革和出台多项政策予以支持。2013 年 10 月以来,国务院专门部署推进公司注册资本登记制度改革,精简或减少企业登记环节高成本、复杂的程序以及法律不确定性,为小微企业生存、发展创造良好的运营环境,有力地推动小微企业数量快速增加。2015 年,全国实有各类市场主体 7746.9 万户,比上年增长 11.8%。其中,全国每千人拥有企业数量 16 户,同比增长 20.1%;新登记私营企业 421.2 万户。占新登记市场主体总数的 29.3%,所占比重较上年同期增长

① 参见李安渝:《小微企业信心研究报告》,对外经济贸易大学 2016 年研究报告。
② 亚洲开发银行在界定中特别提到,微型企业指那些雇佣工人(包括雇主及家庭成员工人在内,其中员工不包括专业人员及专业服务提供者)不超过 10 人的企业;其中,高科技企业不属于微型企业。

1.6%;我国平均每天新登记企业 1.2 万户。全国个体私营经济从业人员实有 2.8 亿人,比 2014 年底增加 3102.1 万人,增长 12.4%。其中,第三产业个体私营经济从业人员增加最多,实有 2亿人,比 2014 年底增加 2542.8 万人,占增加总量的 82%①。

二、小微企业的界定与主要特征

随着我国多层次金融市场的建立健全,原先较为突出的中小企业融资难的问题相对有所缓解,但随之大量涌现出来的小微企业及其融资问题成为学术界和实务界关注的焦点。一方面,与中小企业相比,小微企业本身更具有草根性、分散性、独特性、缺乏抵押品等特征,难以在传统的多层次金融市场找到合适的融资渠道。另一方面,与中小企业和大中型企业相比,小微企业在缓解就业压力、减少贫富差距、增加服务业供给及促进经济增长转型等方面,更具有现实意义和实践价值,使得其成为我国政府推进供给侧结构性改革的重要抓手。为此,我们有必要重新界定小微企业,认识其主要特征,这对于理论研究的深入、扶持政策的设计、融资渠道的构建等具有理论价值和现实意义。

1. 小型微型企业

小型微型企业人员较少、业务单一和资产单薄,其与一般意义上的企业组织结构及其内部运作相去甚远,主要表现出以下 7 个方面的特征。一是在组织管理方面,小型微型企业没有正式的、明

---

① 参见国家工商行政管理总局:《工商总局召开 2015 年度全国市场主体发展情况等发布会》。http://scio.gov.cn/xwfbh/gbwxwfbh/xwfbh/gszj/Document/1470514/1070514.htm。

确的组织方式,缺乏相应的分工清晰、流程明晰的工作内容。二是在金融支持方面,小型微型企业融资渠道主要是亲戚、朋友、熟人等关系型融资,鲜有正规金融渠道支撑。三是在固定资产方面,小型微型企业固定资产较少、缺乏担保价值,经营所需的工具、设备相对简单、粗糙,只要满足相关的质量标准即可,且大多是与家庭生活用品相关。四是在销售模式方面,小型微型企业大多采用直销或接单定制方式,其市场定位以本地市场为主;当然,随着移动互联网平台的规范和成熟,不少小型微型企业已通过互联网平台,如京东、淘宝等,将其市场区域拓展至全国乃至周边国家或地区。五是在薪酬制度方面,小型微型企业的所有者和主要经营者合二为一,没有、也无须正式的薪酬制度。六是在生产运作方面,小型微型企业以劳动密集型的技术和手工艺运营为主,经营模式较为单一,大多选择"前店后厂"的模式,其质量管理程序相对简单,需要外部监管介入和跟踪。七是在财务会计方面,小型微型企业因业务单一、经营流水简单,通常也没有或不需要建立正式的会计科目,少量而不规范的会计活动仅仅出于应付上缴税费的需要。

由以上分析可知,小型微型企业在实际运作中缺乏可用于抵押质押的固定资产,使得其难以获得来自以商业银行为代表的正规融资渠道的资金支持。与此同时,小型微型企业易受市场环境、国家政策、经济周期等影响,其对外部风险的抵御能力较弱,内部风险管控能力不高,使得其生命周期较难预料,再加上其所处行业大多为竞争性行业,缺乏较高的成长性,也难以获得以股权融资为代表的资本市场支持。在此背景下,小型微型企业亟须通过其他融资渠道,尤其是来自官方的政策性金融渠道或者民间非正规金融渠道解决短期资金需求问题。

2. 个体工商户

《个体工商户条例》第二条第一款规定："有经营能力的公民，依照本条例规定经工商行政管理部门登记，从事工商业经营的，为个体工商户。"这表明，作为个体工商业经济的法律体现，个体工商户具有以下三方面特征。其一，自然人或以个人为单位或以家庭为单位从事工商业经营。其二，自然人从事个体工商业经营必须依法核准、登记。其三，个体工商户只能经营法律、政策允许个体经营的行业。在我国现阶段，个体工商户其实是最大群体的自由职业者。除国家机关干部、企事业单位职工外，城镇待业青年、社会闲散人员和农村村民等均可以申请个体工商户。

在实践运作中，个体工商户主要利用线下门店或线上网店，进行商品零售、服务提供和劳务输出等获得收入。尽管我国也有不少个体工商户经过多年发展，形成年业务规模千万元级，达到中小企业规模，但绝大多数个体工商户仍然停留在生存型创业而非机会型创业，更多是自我雇用、自己生存、自谋出路、自食其力，很难创造就业机会①。统计显示，2011 年，我国实有个体工商户 3200 多万户，从业人员 6500 万人，的确在一定程度上有助于缓解社会就业压力。在外部融资渠道方面，个体工商户较微型企业更加处于相对弱势的地位。因而，个体工商户亟须通过其他融资渠道，尤其是来自官方的政策性金融渠道或者民间非正规金融渠道解决短期资金需求问题。

3. 家庭作坊式企业

除了微型企业和个体工商户，我国还有大量的家庭作坊式企

---

① 参见沈纯道：《走第三条道路——占你一起做自由职业者》，中国劳动保障出版社 2011 年版，第 15 页。

业,即:以单个家庭为单位从事简单加工的、规模较小的生产单位。这类企业通常具有如下五方面特征。一是企业员工大多为家庭成员,包括少数打工人员,但员工总数不多。二是为降低生产成本,企业生产、加工、经营、贮存大多以住宅为生产场所,形成"车间、宿舍和食堂"的"三位一体"。三是规模小、投入小、构成简单、技术要求低等,在实际推广中发展较快,但容易形成激烈的市场竞争。四是由于业务单一、产品附加值较低,通常容易受到外部市场环境的干扰,抗风险能力较低。五是企业成员之间大多利用亲情和友情关系,沟通过程相对简单、有效,其内部运作效率在规模较小时相对较高。与大多数个体工商户中的自谋职业者类似,这类企业创业资金主要以个人积蓄或家族集资为主,难以或极少通过银行信贷和其他正规金融渠道获得。在外部融资渠道方面,家庭作坊式企业与个体工商户类似,处于相对弱势和不利的地位,同样亟须来自官方的政策性金融渠道或者民间非正规金融渠道解决短期资金需求问题。

本书中的小微企业专门指以上所述的小型微型企业、个体工商户和家庭作坊式企业。

三、发展小微企业的重要意义

伴随着中国经济进入新常态,经济转型和经济结构的调整显得越来越重要。小微企业作为我国数量最多的市场主体,提供全国80%以上的就业岗位,吸纳全国90%以上的新增劳动力,承载着70%的城镇居民和80%以上的农民工。[①] 2014年9月17日国务院

---

① 参见李安渝:《小微企业信心研究报告》,对外经济贸易大学出版社 2016年版。

常务会议指出,小微企业是发展的生力军、就业的主渠道、创新的重要源泉,对于活跃市场、增加税收、创造就业、改善民生、保持社会稳定等方面发挥着巨大作用。从某种程度上讲,小微企业的发展问题不仅仅是一个宏观层面的经济问题,更是关系国计民生的社会问题。

第一,小微企业有助于扩大就业渠道、缓解就业压力。随着我国经济增长模式转变和产业结构转型升级,作为第三产业重要主体之一的小微企业日益成为我国创造就业岗位的重要组成部分,吸纳了85%的新增就业人口。2014年,小微企业吸纳就业人口总数为2.37亿人,占比约为31%。其中,22—29岁年龄段大学生约有32%就职于小微企业。[①] 随着我国产业结构的调整,还有更多的劳动力将逐步从第二产业向第三产业转移,以及每年新增就业劳动力,再加上随着退休年龄的推迟,未来必将面临更多潜在就业压力,这就更需要为小微企业发展营造良好的环境,支持小微企业健康发展。

第二,小微企业有助于缓解产业转型压力、稳定经济增长。经过改革开放以来的多年发展,小微企业逐渐涵盖了国民经济大部分行业,并依据自身优势、依托产业链上下游形成了一定的竞争优势,不仅自身获得快速发展,还对我国第三产业(服务业)的兴起和产业结构升级起到促进作用,为缓解产业转型过程的"结构性减速"提供相对充足的空间。与此同时,小微企业产值与生产总值占比也逐年提升,从20世纪80年代初期的20%左右,迅速提升至如今的60%以上,已成为我国实体经济的重要组成部分[②]。

---

① 参见中国家庭金融调查与研究中心:《小微企业税收政策研究报告》,西南财经大学2016年发布。

② 参见王俊峰、王岩:《我国小微企业发展问题研究》,《商业研究》2012年第9期。

第三,小微企业有助于构建产业集群、增强核心竞争力。作为合作伙伴或配套支撑,小微企业存在于大企业周边,有助于两者间降低交易成本、提高沟通效率,满足发包方大企业的实际需要,形成分工合作的商业模式,从而最终增强大企业核心产品竞争力。比如,投入较大的公关项目可由大企业承担,而一些小型商业或服务业中较小的项目或环节,可由小微企业承接。在实践中,这种大企业与小企业之间的相互依存、互利互惠的"产业集群"模式在我国长三角、珠三角地区颇为常见。

第四,小微企业有助于增加收入渠道、缩小贫富差距。小微企业作为自由职业者的重要就业渠道,在一定程度上缓解了新增劳动力就业压力。一方面,一部分自由职业者出于生存需要,利用部分自有资金或在社会关系协助下,找到适合自己、为社会提供服务的就业机会,本身就缓解了就业压力,提高了收入水平。另一方面,一部分自由职业者出于发展的需要,为实现个人价值的最大化,主动以个人身份整合既有的社会资源独立创业,从而开辟新的收入渠道,如:律师、销售人员和设计人员等。

第二节　小微企业的成长路径、资金压力与融资需求

一、小微企业生命周期、融资特征与融资约束

1. 小微企业生命周期与融资约束

除了小部分具有人力资本优势的群体属于机会型创业外,其

他绝大多数小微企业仍然停留在生存型创业阶段,更多将其作为自我雇用、自己生存、自谋出路、自食其力的生存手段。

从企业生命周期来讲,绝大多数小微企业很难在规模、资产和收入等方面有巨大的成长空间,更可能是一种持续维持自我生产、小步前进的自我发展状态,这就使得其融资行为具有某种单一性特征——为解燃眉之急或资金周转不力的、短期的、规模小的、高频率的、重复性的资金需求。这种类型的资金需求尽管单笔融资的年化成本较高,但其实际支出却相对有限,完全应该在小微企业自身承受范围之内,这显然与其他大中型或中小型企业的融资大不相同。

《小微企业融资发展报告》调查数据显示[①],小微企业偏重于短期流动资金,且约有71%的小微企业存在短期融资困难,这主要因为小微企业更容易受限于资产规模和资金劣势。在银行借款中,购买原材料(56.7%)和短期应付款(35.4%)占比最高,故短期用途比例相对较高。在外源融资中,用于新项目开发和购买新设备分别占比20.6%、16.6%,这表明长期投资用途比例相对较低。

2. 小微企业经营特征与融资约束

从实际运营情况来看,小微企业通常具有资产规模较小、固定资产比重偏低、财务管理不规范、抵御风险能力较弱等特征,使得其融资行为通常具有以下四个方面的特征。一是正规金融渠道受限,主要依靠内源融资和非正规金融,形成融资需求约束。二是由于信息透明度低、经营风险较大、缺乏较高的成长性和稳健经营的

---

① 参见巴曙松:《小微企业融资发展报告:中国现状及亚洲实践》,博鳌亚洲论坛发布。

历史信息等,小微企业目前缺乏发行企业债券或股票等资本市场的融资途径。三是小微企业因抵(质)押资产短缺和缺乏信贷授信支持,使得商业银行难以为其提供符合其实际需要的金融产品或融资服务,较高的融资成本很难使其成为小微企业融资的重要渠道和平台。在这种情况下,小微企业除了依靠内部积累资金自我发展外,只有利用其他非正规金融渠道进行资金募集,缓解资金需求压力。四是资金周转速度较快,对短期贷款需求较大。小微企业业务规模较小、经营方式灵活,使其流动资金的比率较高,现金流周转较快,因而对短期贷款的需求较大。总体而言,小微企业的融资需求特征可以概括为:偏好内源融资、外源融资规模小,周转快、频率高、多次重复,缺乏合格抵押品,对非正规金融和政策性支持金融的内在需求。

《小微企业融资发展报告》调查数据还显示,约有 66.7% 的小微企业将银行贷款作为首选,这表明商业银行仍占据融资市场的主导地位。随着经营年限的增长,小微企业首选银行借款的比例越来越高:经营年限 1 年以下,约占比 50%;经营年限 3—5 年的,占比 65% 左右;经营年限超过 10 年的,其占比高达 76%。资产总额越小的小微企业,越倾向于选择非正规金融渠道,包括向亲戚朋友和小贷公司借款:资产总额不高于 100 万元的,约有 25% 选择非正规金融;资产总额 100 万—300 万元的,选择非正规金融的约有 19.54%。在向商业银行进行融资时,"贷款到位时间较长"这一问题最突出,占比达到 45.8%;其他问题,如:无法提供足够的抵押或担保物(41.1%)、不能提供合适的财务报表(31.3%)、贷款成本较高(28.3%)也备受关注。

二、正规金融与小微企业的融资约束

在我国现阶段,所谓正规金融服务体系是指经中国人民银行等金融监管机构批准设立的金融机构所提供的金融服务体系,包括但不限于存款、贷款、汇兑、保险、期货、证券等。与之相对应,非正规金融服务也被称为民间金融服务,是指那些未经金融监管机构批准设立的、没有被纳入中国人民银行等金融监管机构常规管理系统的金融机构(也包括一些没有组织形态的民间金融活动)提供的金融服务。尽管正规金融通常居于主导地位,但却难以覆盖低收入群体或小微企业,从而形成对小微企业资金需求的"挤出效应",其主要原因可以分别用金融抑制和信贷配给予以解释。

1. 小微企业融资约束、动员型金融与金融抑制

新中国成立后,我国经过社会主义改造,确立国有企业为主导的计划经济体系,实施重工业优先发展战略。在此过程中,国有银行掌控着国家80%以上的金融资源,负责为计划经济时期或改革开放后的国有部门提供资金支持,形成所谓的"动员型金融体制"。即使到了改革开放以后,我国政府推进社会主义市场经济体制改革,继续实行"赶超战略",其主要举措仍是通过制定产业政策,落实发展规划,重点扶持、支持、补贴大中型企业,尤其是国有大中型企业。在这种情况下,我国除了对具体流程和规范有所优化外,其基本思路同样依托国有银行为主的金融体系,为政府支持和补贴下的产业或企业提供金融支持,由此形成对其他包括小微企业在内的中小经济体融资需求的抑制效应。

这种金融抑制效应在大多数发展中国家广泛存在,是政府按

照自身的偏好将金融资源投入重点项目或国有部门中的必然结果。但随着我国经济发展方式的转变,原有的依托高投入、高消耗、高污染、低产出、低效益的粗放型增长模式逐渐式微,这种金融抑制所带来的弊端越来越明显,其中最突出的就是抑制了包括小微企业在内的非国有经济体资金需求。故而,为主动适应我国经济发展方式的转变,有必要减少政府干预,缓解金融抑制,逐渐将资金需求有效地投入到有利于实体经济发展的小微企业。

2. 小微企业融资约束、间接融资与信贷配给

由于信贷市场中的逆向选择和道德风险等,作为资金提供方的商业银行在均衡条件下,很难单独利用利率作为杠杆识别符合其风险管理要求的客户。出于资金安全和信贷风险管理的实际需要,商业银行不能完全依靠利率作为调节工具,而是需要其他能够为第三方所证明的历史信息——证明信贷客户具有较为充足的还款能力。在这种情况下,信贷客户的固定资产、现金流、盈利能力等财务信息或经营情况均作为贷款发放先决条件,由此形成信贷供给与需求的不平衡。一方面,对于信用状况、抵(质)押物等具备条件的借款人,商业银行能够给予其充分的额度,满足其信贷需求,甚至出现信贷过度,使得信贷的潜在供给大于实际需求。另一方面,对于未能满足信贷审核要求的借款人,商业银行可能难以满足其需求甚至直接予以拒绝,即使其愿意支付更高的利率,由此形成信贷供给不足或融资约束。

对于小微企业来说,由于运营时间不长、缺乏足够的抵(质)押品,再加上其财务管理不规范和经营风险不确定等因素,其往往就属于商业银行难以提供贷款的借款人,使得其资金需求难以得到满足,从而产生融资约束,这将对资金利用率和经济增长产生不

利影响。一方面,由于缺乏足够的资金,小微企业难以正常运作和发展,甚至可能直接危及小微企业的生存,使得社会潜在增长率没有充分利用,抑制了经济增长和发展。另一方面,由于资金未能配置到最需要的部门,使得部分资金闲置,难以形成价值最大化,不利于银行资产的保值增值,同样可能带来社会潜在增长率的损失。

三、非正规金融与小微企业的融资约束

正规金融对小微企业金融服务的缺失,催生了迎合小微企业资金融通需求的非正规金融——民间金融。民间金融尽管因多种不足为社会所争议,但却因缓解了小微企业资金需求,为小微企业提供了融资渠道而顽强成长。一方面,非正规金融贷款效率高、经营方式灵活,满足小微企业短期、快速资金需求。与正规金融机构信贷审批流程相比,非正规金融机构管理层次少、决策流程便捷、经营方式灵活、资金提供及时,非常适合小微企业"时间急、频率高、额度小"的资金需求。尤其是非正规金融能够突破正规金融体系的抵(质)押品范围限制,寻找符合当地实际需求、具有资产特征的替代品,较好地解决信贷过程中的担保问题。另一方面,非正规金融利用多重渠道收集信息,形成长期重复博弈,减少信息不对称,降低逆向选择和道德风险。非正规金融通常基于一定的地缘、血缘、业缘关系,与小微企业实际控制人具有直接或间接关系,能够比较准确地掌握借款方的软信息特征,如客户声誉、收入水平、偿付能力和潜在关系等,有助于较大程度上减少信息不对称,减少逆向选择。与此同时,非正规金融往往是资金提供方和资金需求方的长期、重复博弈过程,双方因地理、业务、社会关系等方

面,具有重复博弈的天然基础,从而有助于减少融资过程中的道德风险。正因如此,非正规金融在我国正规金融供给不足的地区发展较快,形成颇具影响的资金融通规模,对当地经济发展起到重要的支撑作用和积极意义。

尽管如此,由于民间金融天然得不到外部第三方力量的监管,再加上市场环境千变万化,尤其是当国际环境不确定性较大时,更容易对其造成巨大冲击,甚至对原有的民间金融体系造成连锁反应,在一定程度上不但引起资金链断链,甚至会诱发社会不稳定因素的爆发。为尽可能从根本上缓解小微企业的融资约束问题,有必要在认识非正规金融为小微企业带来资金需求便利的同时,正视其缺陷及其所带来的融资约束。一是非正规金融资金规模和业务范围有限,难以产生规模经济,降低单笔业务的融资成本,使其行业整体平均融资成本较高,难以有效复制和持续发展。二是非正规金融缺乏市场化的资金融通渠道,使得其资金/资产规模难以扩张,也难以通过市场化的风险管理手段抵御市场风险,降低风险拨备①,由此限制其为小微企业提供资金融通的有效性。三是非正规金融游离于正规金融监管体系之外,使得其资金来源、资金流动和合约履行等难以得到应有的法律保护,降低其整体层面的系统稳定性和安全性,尤其是在某种程度上或范围内对国家正规金融体系形成不利的干扰,这同样限制了其缓解小微企业资金需求的作用。四是非正规金融缺乏自身制度建设及不断完善的内生动力,使得其实际操作过程中大多靠自律和信誉维持,缺乏公正、

---

　　① 拨备是对业务运营中可能的风险和损失作出准备,反映金融机构所承担的风险和成本。

可靠和具有救济机制的第三方维护,容易因外部诱因刺激引起较大规模的投机行为或非法集资行为,危及社会公共安全和经济增长。

　　总而言之,非正规金融作为正规金融体系发育不完善或不完全的补充,在某种程度上有助于缓解小微企业的融资约束,对当地经济增长和社会发展具有积极的促进作用。但作为缺乏第三方监管的民间自律体系,其很难适应或应对金融自身所具有的内在不稳定性——正反馈或信息不对称或外部性等一系列问题,并可能由此干扰正规金融体系,危及经济增长和社会发展。因此,我们在承认非正规金融作为小微企业融资渠道的同时,正视其潜在的缺陷,探索化解机制,以便尽可能发挥其积极作用,缓解小微企业的融资约束难题。

第三节　融资约束、微型金融与小微企业成长

　　长期以来,小微企业的融资约束一直是国际金融界难以化解的难题,在我国也不例外。这一方面既有传统正规金融系统的原因,使其在主要业务上有意或无意地忽略那些盈利能力不强、信息搜寻成本过高、单笔资金需求不大的小型客户,另一方面也少不了小微企业自身的原因,典型的内容包括抵(质)押资产短缺、历史信息缺乏、业务发展不稳定、单笔信贷成本较高,以及与此相关的逆向选择和道德风险问题。但考虑到小微企业在稳定经济增长、缓解就业压力、缩小贫富差距等方面的特殊作用,包括我国在内的

不少国家都非常重视小微企业发展,并将解决其融资约束作为落实金融发展支持实体经济的重要抓手。为此,我们首先从如何缓解逆向选择和道德风险、减少资金提供方的信息搜寻成本、提高信贷违约成本、降低小微企业融资过程中的信息不对称等方面入手,为其寻找理论上的自洽逻辑。在此基础上,结合我国正规金融和非正规金融发展的实际情况,探讨缓解小微企业融资约束难题的相关举措。

一、团队贷款机制与小微企业融资约束

在实践中,由于小微企业客户较为分散、单笔业务规模不大、盈利空间不大,使得资金提供方缺乏足够的动力进行信息搜集,由此形成融资方与借款方的信息不对称,导致逆向选择行为。对传统的信贷客户,商业银行通过固定资产、企业类型和业务增长等方面进行筛选,形成相对有效的信贷配给机制。对小微企业来说,这种传统的筛选模式或配给标准可能难以发挥作用,从而形成所谓小微企业的融资约束。为缓解传统筛选模式的失灵,正规金融机构设计出团体贷款模式,即以产业链、地理范围、业务类型等标准,筛选出若干风险水平相近的潜在客户组成联保小组(Peer Selection);在此过程中,小组成员互相监督、承担连带责任,并将风险升高的小组成员及时予以排除,便于及时跟踪和掌控联保小组的风险暴露和敞口风险,以及进行风险管理和信贷业务定价,这就是所谓的团队贷款机制。

借助团队贷款机制,金融机构部分地将小微企业风险识别职责转嫁给其他客户群体,不仅有助于不同小微企业之间互相监督

和信用发现,也有助于降低金融机构的交易成本和信息搜集费用,在一定程度上克服了信息不对称所造成的逆向选择问题,使得为小微企业提供资金支持成为可能。与此同时,团队贷款机制通过设定连带责任和动态风险筛选等条款,能有效地防止小组成员在还款环节上可能采取的隐瞒和抵赖行为,或阻止小组成员进行具有更高风险的冒险性投资,从而在信贷过程中避免道德风险①。

二、动态激励机制与小微企业融资约束

尽管团队贷款机制能够较好地实现信用自动发现机制,但却难以防止客户团队成员之间的合谋与串通,这就需要提升团队成员或团队合谋违约的成本。在缺乏现有直接的抵(质)押担保且贷款行为重复进行的情况下,正规金融机构通过建立履行合约的动态激励机制,提高借款人违约的机会成本,以此约束小微企业的违约行为,降低借贷双方的信息不对称。高希和瑞(Ghosh and Ray)提出,正规金融机构为小微企业建立信贷历史记录档案,将其作为下期发放贷款的重要参考和依据,以此发现该企业的真实信用水平②。

根据我国小微企业特性,动态激励机制可以细分为两种类型:水平型和累进型。水平型动态激励机制,是指若小微企业还款记录良好,便有较大的概率再次得到类同的融资服务;反之,小微企

① 参见焦瑾璞:《微型金融学》,中国金融出版社 2013 年版,第 64—65 页。
② 参见 Ghosh Dipankar and Manash R.Ray(1997),"Risk,Ambiguity,and Decision Choice:Some Additional Evidence",Decision Sciences,Volume 28,issue 1,pages 81-104。

业再次获得贷款的可能性及信贷金额相应降低,甚至不能得到任何信贷服务。以此为基础,动态激励机制还设定累进型的二次激励机制,即在过往信贷业务中表现良好的小微企业,获得贷款的可能性及贷款额度将相应上调,从而对其保持良好的还贷行为产生更大程度的激励。正规金融机构的实践证明,无论是在团体贷款还是个人贷款的场合,动态激励机制均能得到有效而广泛的使用,尤其是不少金融机构倾向于以较小的贷款额度对小微企业客户进行尝试和推广。这样既有利于发现借款者的真实信用水平,培养小微企业客户,又有利于控制风险,增强风险管控能力。

三、分期还款机制与小微企业融资约束

借鉴住房按揭贷款的分期还款制度,正规金融机构开发出能够动态调整利率、实施监控现金流状况、及时控制信贷风险的小微企业分期还款机制。该机制充分利用小微企业现金流周转较快的特性,要求合约履行后按照一定的期限间隔(数周或数月)进行定期还款,还款额通常由本利之和除以还款次数确定或者双方协商确定。

与团队贷款机制和动态激励机制不同,分期还款机制是一种更加细化的、动态的、基于现金流的信贷管理技术,至少具有以下三个方面的优势。一是分期还款机制有助于排除投资回报周期较长的项目,比较符合正在运营的、现金流周转较为正常的小微企业,这本身就是对金融机构的有效保护。二是分期还款机制能够动态跟踪小微企业的现金流波动,及时发现可能存在潜在风险的贷款业务,避免信贷风险在到期时集中暴露,有利于正规金融机构

提前预知风险,实现早期预警功能。三是分期还款机制便于规范利率条款,实现迂回收取高利率,即:在分期还款数额不变的情况下,小微企业当期实际承担利率随贷款余额减少而逐渐增加,使得正规金融机构变相获得较高的实际利率水平。

四、政府支持、多层次金融体系与小微企业成长

1.政府支持、自生能力与小微企业成长

作为数量最大、分布最广、就业人数最多的经济体类型,小微企业近年来得到我国政府的重点关注。小微企业融资约束问题既是其先天发育不足的结果,也是其自身情况的体现。要想真正缓解小微企业的融资约束,关键还在于增强小微企业的自身能力,优化其资产结构,提升其信息资质。围绕如何增强小微企业的自身能力,有必要从以下五个方面着手。一是基于宏观层面的顶层设计,出台小微企业专项资金补贴政策、税收优惠政策、费用减免优惠等举措,减轻企业税费负担,提升小微企业的自生能力。二是支持和鼓励小微企业进行新技术引进和产品创新,增强核心竞争力,提升业务稳健性。三是为小微企业提供配套服务,为其核心骨干提供公益性或政府扶持性的专项培训,不断提高小微企业的人力资本存量和劳动生产效率。四是为小微企业提供公共服务平台,引导其不断完善财务报表、业务流程和运营规范,逐渐提升企业信息透明度与企业信用等级,增加其正规金融机构融资能力。五是运用贷款准备金率、再贴现率、再贷款率、窗口指导等金融工具或政策,引导和督促正规金融机构将一定比例的信贷资金向小微企业倾斜、投放,用以缓解小微企业的资金需求和融资约束。

2. 商业银行与小微企业成长

来自中国光大银行的调查数据显示,商业银行成为三分之二以上小微企业面临资金需求时的首选。这表明,即使是以商业银行为主导的正规金融机构难以充分满足小微企业的资金需求,但现阶段小微企业融资问题的缓解或解决依然离不开商业银行的支持。故而,有必要统筹利用行政和市场等综合手段,鼓励、引导和支持商业银行通过转变经营理念、优化信息搜集、加强金融产品创新等,不断扩大对小微企业覆盖的广度和深度。

一方面,金融监管机构围绕小微企业信贷余额、增量、增速等核心指标,制定相应的贷款比例、行业覆盖、业务比率等考核标准,由此提升小微企业的信贷覆盖率和获得率,缓解小微企业的融资约束。另一方面,商业银行主动对接小微企业兴起的趋势,对其中具有一定盈利能力或增长潜力的小微企业予以关注,并利用商业银行的资源整合、信息集成和行业分析等优势,为其量身定做相应的分类型、分业态金融产品。一是对小微企业进行分类管理和业务开发,制定符合小微企业行业特点、资源特色和信用资质的授信等级评级指标,以税务、工商、统计等为基础,创造性地融入非财务指标(业主信息、家庭成员、社会关系等),建立小微企业的"大数据"评估系统,增强小微企业信贷审批的可靠性。二是加大金融产品创新力度,主动为不同行业、不同类型、不同阶段的小微企业开发量身定做的金融产品或金融服务;同时,通过在产品或服务协议中嵌入动态激励机制、分期还款机制、团队贷款机制、增信担保机制等,尽可能提高小微企业的违约成本,降低违约风险和融资成本。如:为小微企业开发信用联保贷款、供应链融资、商业圈融资等产品,针对小微企业开展应收账款质押、知识产权质押、仓单质押、动产质押等业务。在此基础上,利用商业银行的规模优势、信息优势和专业优势,为小微企业提供开户、储蓄、理财、结算、咨询等系统性服务,实现单一融资服务向综合金融/咨询服务转型。

3. 中小金融机构与小微企业成长

在分层次的金融服务体系中,中小金融机构作为与小微企业市场地位、空间分布和资源结构等匹配度较高的资金供给方,对缓解小微企业的融资约束问题具有天然的地缘和人缘优势。由于小微企业单笔业务的信息搜寻成本过高,促使中小金融机构更倾向于首先满足中小企业及大中型企业的部分业务,使得其难以满足小微企业的资金需求,形成融资约束。但随着经济发展方式的转型和结构性减速,不少中小企业和大中型企业资金需求放缓,导致部分中小金融机构因缺乏对小微企业的深耕而出现业务衰退。从长期来看,中小金融机构生存和发展的主要着力点应该是中小企业和具有一定成长性的小微企业,其中部分中小企业正是从小微企业发展起来。因而,中小金融机构有必要将部分业务重点向具有成长性和盈利能力的小微企业倾斜,集中资源开发符合这类小微企业需要的金融产品和金融服务。一是利用地缘和人缘优势,加快金融产品的设计、创新,尤其是围绕小微企业的细分市场,制定差异化、个性化、灵活性、动态性的弹性机制,依据小微企业的类型、行业和发展阶段为其提供贴近性和定制化的金融产品或服务。通过在产品或服务协议中嵌入动态激励机制、分期还款机制、团队贷款机制、增信担保机制等,尽可能提高小微企业的违约成本,降低违约风险和融资成本。二是利用中小金融机构的体制优势和机制灵活性,积极开发和挖掘关系资源和地缘优势,主动与小微企业建立长期的、互惠互利的业务合作关系,提高小微企业"软信息"的开发率和有效性,针对小微企业"短、小、急、频"的融资需求,建立快速审批机制与主动上门服务,缩短决策链条、降低小微企业的综合信贷成本。三是主动对接商业银行,配合商业银行的业务开展需要,承接与自身实力和资源优势相匹配的小微企业综合服务,提高小微企业融资服务的覆盖率和有效性。

除此以外,我国政府有必要对小微企业发展较快的地区进行金融创新试点,尤其是对小微企业融资占比较高的中小金融机构优先给予金融债的发行机会和额度,引导其围绕小微企业应收款、专利和核心技术等进行资产证券化等金融创新,适当为其增加资金供给,扩大其资金来源,支持这些中小金融机构更好地为小微企业提供融资服务,缓解小微企业的融资约束。

4. 政策性金融机构、普惠金融与小微企业成长

除了小部分具有人力资本优势的群体属于机会型创业外,我国不少小微企业处于生存型创业阶段,更多将其作为自我雇用、自己生存、自谋出路、自食其力的生存手段,使得其盈利空间有限、成长空间不大、利润率不高。在完全市场竞争的背景下,这类原本就缺乏抵(质)押能力的小微企业难以获得正规金融机构融资;即使获得融资,其可能因为以市场价格衡量的融资成本过高,使得其难以维持自生能力,甚至形成恶性循环。像这类缺乏稳健自生能力的小微企业,其正常运作尽管不能直接带来经济增长,但却能有利于稳定就业人口、缩小贫富差距,对经济发展及其方式转型仍然起到间接作用。

从宏观层面来说,我国政府有必要重视这类小微企业发展,围

绕其资金需求制定相关扶持和支持政策,缓解其融资约束问题。一是在国家层面建立政策性金融监管机构,专门用于指导、引导和监督相关政策性金融机构,为这类缺乏稳健自生能力的小微企业设立专项资金,提供融资服务。二是建立政府引导基金的杠杆撬动机制和补贴机制,引导部分中小金融机构以市场化运作机制为这类小微企业提供金融服务,缓解其融资约束难题。在监督担保公司、小贷公司和村镇银行业务运营的同时,依据其为缺乏自生能力的小微企业提供的业务规模进行定向补贴。三是依据不同地区经济发展水平和小微企业自生能力分布状况,设定适当的比例从财政收入中提取专项资金,用于扶持或支持缺乏自生能力的小微企业的生存和发展需要。

5. 规范民间金融机构与小微企业成长

鉴于我国长期以来的动员型金融和多层次金融市场不发达,非正规金融机构因为经营方式灵活、自主性较强,且较好地满足额度小、频率高、时间紧的业务类型,成为那些不符合正规金融机构融资条件的小微企业资金需求的主要来源,在一定程度上有效地缓解了数量众多的、弱势的、抵(质)押资产短缺的小微企业融资约束。故而,我国政府有必要对非正规金融机构进行规范和引导,支持其在缓解小微企业融资约束中发挥积极作用。一是转变观念、完善监管机制,支持非正规金融机构逐步走向阳光化与规范化的发展模式,甚至引导那些符合条件的机构逐渐发育成为民营村镇银行、小额贷款公司、担保公司等符合实际需要的、多样化的金融机构。二是对高利贷、地下钱庄等非法的、影响社会稳定的非正规金融机构,予以严厉打击、坚决取缔,保证非正规金融市场的稳定,为非正规金融发展创造良好的金融秩序。三是推进非正规金融机构监管的改革试点工作,将非正规金融体系改革纳入宏观层面的金融改革顶层设计,立足国家全局和地方发展实际,确定不同地区的非正规金融发展监管体系、发展路径和引导机制。

第七章　实施创新驱动发展
战略的政策建议

改革开放以来,中国经济发展取得举世瞩目成就,成为经济规模居世界第二的经济体,这除了得益于全球产业转移、新的国际分工及经济全球化等之外,根本上在于中国自身的改革开放、人力资本积累、赶超战略的实施以及各级政府发展经济的积极性和努力。

改革开放之初,我国法律基础薄弱,对产权保护不力,地方政府的行政干预和深度介入作为某种替代式的补充,对市场经济环境中的合约履行、改善委托代理中所存在的信息不对称(逆向选择和道德风险)发挥了一定积极作用,降低了经济中的交易成本,促进了经济增长。但随着经济运行环境的完善和商事活动的日益复杂,地方政府直接干预经济活动的效果逐渐式微,甚至在一定程度上妨碍了经济增长和发展。为此,有必要着眼于新常态下的创新驱动发展战略,深化供给侧结构性改革,促进国有企业、中小企业和小微企业健康持续共同发展,加快政府职能转变,为中国经济增长和发展模式成功转型、引领经济发展新常态进一步奠定全方位的、坚实的基础。

第一节　加快转变政府职能，建设
法治政府和服务型政府

一、进一步纠正单纯以 GDP 增速评定政绩的偏向，推动政府职能向创造良好发展环境、提供优质公共服务、维护社会公平正义转变

行政体制改革是推进上层建筑适应经济基础的必然要求。随着社会主义市场经济发展，地方政府的基本任务已经从经济增长主要目标向经济发展、保护产权、维护市场秩序、保护生态环境等多重目标转变。在此背景下，要进一步改革政府与企业的关系，进一步减政放权，最大限度减少政府对微观事务的管理，尤其是将原本市场能有效调节的经济活动交由市场和市场竞争主体企业。与此同时，将地方政府主要职能定位为提供公共服务和维护市场竞争秩序。完善发展成果考核评价体系，逐渐弱化对地方政府 GDP 增速的竞争考核机制，将地方公共服务、市场监管、居民收入、就业水平、社会保障、治安维护、环境保护等多重指标置于更为突出的位置，包括改革财政体制，调整房产税、消费税等税种的税收，使得地方政府事权与支出责任相适应。

地方政府应顺应经济发展和社会进步的需要，不断加强自身能力建设，规范管理、提高效率。一是健全宏观调控体系。保持经济总量平衡，促进经济结构协调和生产力布局优化，减缓经济周期波动影响，防范区域性、系统性风险，稳定市场预期，实现经济持续健康发展。二是建设创新型政府,从国家层面引领新常态下的创新驱动发展思路。从宏观层面进行体制机制改革和顶层设计,突出依靠体制机制的改革创新,提高政府活力,使之成为社会创新的表率,为建设创新型社会创造良好的环境、营造浓厚的氛围。三是打造廉洁政府,增强政府履职效率和执行力。在组织纪律上,加强自律与外部监督;在职能定位和机构设置上,精简机构、优化职能、明确职责分工;在管理流程和工作规范上,坚持透明运作、流程规范,提高政府公信力、执行力和行政效率。四是践行依法治国理念,建设法治政府。从政府自身运作规范出发,坚持依法治国、依法行政,在法律规范的框架下全面正确履行政府职能。

二、明确项目类别、减少政府对资源的直接配置,逐渐培育市场化的投资运作主体、引进多元化的投资主体

以微观经济学提到的外部性作为划分标准,政府所介入的基础设施项目可以分为四种类别。一是纯公益类项目。其运作中通常无偿提供服务或产品,不仅难以形成真正意义上的投资盈利,甚至日常运维费用都需要外部提供和补充。二是低收费类项目。其提供的产品或服务能获得一定的收益,但难以补偿日常运维,使得其整体投资基本无法回收。三是一般收费类项目。其营业收入能够为日常运维提供一定的补偿,基本能够实现投资回收或者亏损幅度不大,但却难以依靠自身积累完成更新投资。四是盈利类项目。该类项目不但能够全部回收投资,甚至能产生资本积累,不断扩大投资规模,实现持续发展。在这四类项目中,前两类由于从根本上缺乏盈利性,属于公益性;第四类具有盈利前景,属商业性;第三类视情况而定。

以项目分类为基础,政府要主动推进市场化改革,减少对资源的直接配置,尽可能培育真正市场化的投资主体,改变地方政府主导投资基础设施的局面。一方面,在职能定位转换方面,推进政府从第一投资人向最后投资人转变,尤其是将政府投资范围限制在非营利性和公益性等民间资本不愿意进入的领域。对具有稳定经营性收入的准公益性项目,放宽民间资本的市场准入限制,实现商业运作。对某些商业性的准公益性项目,引入土地综合开发、专项财政补贴、专项资金(基金)配套等多重制度安排,借此降低投资风险,增加投资回报渠道,吸引社会资本。另一方面,在制度设计方面,最大限度地引入社会资本进行投资。对难以形成价格的纯粹公共产品或纯公益性项目,通过模仿商业化运作模式,将项目投资与实际运营分开,尽可能吸引民营资本参与投资或建设。如:政府投资项目和部分非营利企业的经营权拍卖,招投标制度以及承包和委托经营等形式。

三、健全社会公共服务和保障体系,不断提升保障居民基本生活的水平和质量

为顺利实现公共服务职能,政府一方面要调整自身的角色定位,大力引进社会化的供应方式,加强公共产品和服务的供给和规范管理,另一方面着眼于创新驱动发展战略的需要,加强社会保障体系建设。

一是在市场失灵、不完全竞争和存在外部性等情况下,通过建立司法体系和管理制度等较为市场化的方式,规范调节微观经济主体的社会经济活动和行为方式,减少政府对微观主体生产、供应行为的直接干预。

二是在公共服务或产品供给方式上,政府逐渐由直接生产型向间接服务型转型,大力推广政府购买/招标/委托的采购模式,引入社会化生产供给,加强政府监管强度和规范管理。即便是在教育、卫生、养老、文化、城市基础设施等公共服务的供给方面,政府也可以借鉴欧美发达国家公共服务供给管理的成功经验,引入私人部门在某些环节或服务供应的市场化竞争和服务模式。

三是政府应主动适应劳动力空间流动和社会流动,着眼于创新驱动发展战略的需要,不断推进我国新常态下的养老保险体制改革。其一,推动国有企业深化改革,拓宽养老金来源渠道,实现基础养老金的全国统筹管理和流动便利,缓解地方不均衡、地方财政压力过大问题。其二,尊重历史、科学规划,有序推进机关事业单位的养老保险制度改革,分步骤、分阶段整合不同地区的城乡居民基本养老保险模式,提升社会整体保险水平。其三,根据地区经济发展实际,逐渐扩大参保缴费覆盖面,有选择地降低社会保险费率。其四,创新金融产品供给,推进商业保险制度改革,创造多渠道的养老保险支撑体系。

第二节 深化社会主义市场经济改革, 完善现代市场体系

一、减少政府干预、推进社会主义市场经济改革, 建立全国统一市场、完善现代市场体系

建设统一开放、竞争有序的市场体系,不但是确保不同所有制

企业持续、健康发展的重要基础,也是实施创新驱动发展、让市场在资源配置中起决定性作用的重要支撑。要进一步深化社会主义市场经济改革,推动全国统一开放、竞争有序的市场体系建设,完善社会主义市场经济运行环境。

其一,以破除地方保护、消除市场分割为抓手,推进全国统一开放市场建设。一方面,深化行政体制改革,转变地方政府职能定位和激励目标,优化中央/地方的财权/事权配置机制和资源供给,纠正地方政府单纯以 GDP 增速作为政绩追求的偏向,破除地方保护主义、消除市场分割。另一方面,着眼于全国统一开放市场,优化中央/地方立法和执法的配置机制,强化中央政府对全国统一市场的法治建设和维护,为不同所有制主体的跨市场、跨地区运营奠定法制基础。

其二,规范流通环节关键节点的收费,逐渐降低商品或服务流通过程的交易成本。一是规范不同地区/省市之间的收费,实质性地降低中间流动环节成本,促进商品交易和流动的便利实现。二是鼓励和引导物流业发展,在规范物流行业运行的同时,以降低准入门槛的方式,推动物流行业之间的竞争机制,促进物流业整体发展。三是大力发展市场化中介,加大对生产性服务业的支持力度,提升服务业的生产效率,为制造业及相关行业提供有力支撑。

其三,转变政府职能,减少直接干预。一方面,通过公布"负面清单"和"权力清单",进一步厘清政府与市场的边界,发挥市场对配置资源的决定性作用。另一方面,改革司法体制,保障和加强司法的独立性,尽可能缓解或消除地方保护主义的干扰,为平等对待各种所有制类型的股东提供法制保障。

二、大力发展生产性服务业、提升其全要素生产率，为经济发展方式转型奠定基础

与以制造业为代表的第二产业相比，以服务业为代表的第三产业全要素生产率相对较低，且因对外开放度不够，使得其增长速度相对缓慢。面对结构性减速问题，我国政府高度重视服务业发展，通过着力提升服务业的全要素生产率来尽可能减缓经济下行趋势。为此，要从以下三个方面着手，增强服务业核心竞争力，提升整个行业的全要素生产率。

一是加大人力资本投资，提升服务业人力资本投资水平。一方面，要突出服务业"轻资产"的特征，调整传统的"重设备不重人"政策偏向，通过政策引导、资金倾斜等方式不断推动资源向人力资本集聚。另一方面，加强人才培养体系和激励机制建设，切实发挥"产、学、研"相结合的人才模式，形成大专院校、科研院所与企业之间互联、互动、互通的人才培养机制。与此同时，通过建立多种形式的"绿色通道"，积极吸引海外高层次人才，打造人才高地、加速人才集聚、提升人力资本优势。

二是对接新一次工业革命，引领商业模式/技术创新。与消费性服务业相比，生产性服务业属于支撑产业，对制造业等关联产业效率提升、效益改进等具有积极作用。因而，在新一次工业革命到来之际，生产性服务业有必要立足于上游制造业的需求，着力通过商业模式创新和技术创新，催生出更能促进制造业发展的新业态和新形势。这不但能提升服务业自身的全要素生产率，也有助于改善制造业的效率/效益。

三是扩大对外开放，培育竞争性市场。与发达国家或地区相

比,我国整体服务业比例不高,整体行业全要素生产率相对较低。故而,所引进的先进技术和生产要扩大对外开放,通过对外直接投资(FDI)引进发达国家或地区的先进技术、管理经验和资金资本等,同时通过培育竞争性市场,鼓励各类生产要素跨地区流动,打造不同所有制企业公平竞争的市场环境。一方面,立足于我国服务业发展的实际情况,有步骤、有选择地提高新兴生产性服务要素进口比重,借此推进技术和知识溢出效应的发挥,改善生产性服务业相对供给不足的局面。另一方面,与中国制造"走出去"战略相配套,努力借助现代科技提升生产性服务业水平,增强我国制造业的附加值和竞争力。

三、实行统一的市场准入制度,消除各种隐性壁垒,实施"非禁即入",深化社会主义市场经济改革

长期以来,国有企业或国有资本在部分部门和行业处于垄断地位。有观点认为,这不仅可能带来相关行业生产效率不高、有效供给不足,还弱化市场固有的竞争机制,延缓我国市场经济的发育程度。要根据不同自然垄断型行业的特征,对其中有空间形成有效竞争的业务和环节,逐步放松价格管制。尤其是按照两个"非公36条",落实非公有资本进入服务业的政策措施,保证各种所有制企业依法平等使用生产要素、公平参与市场竞争、同等受法律保护创造良好的运营环境,从行业准入上真正实现非公有资本的"非禁即入"。丰富社会资本进入具有整合效应的网络基础设施,将投资环节与运营环节相分离。在此基础上,通过股份制、私募资金或政府引导基金等形式实现投资主体多元化和经营主体一元化

的基本格局。

对自然垄断行业中可以竞争的部分,通过传输建设/运营分离、建设维护/运营管理相分开的模式,适当将部分建设维护或传输建设等环节向市场开放,引入民营资本。制定可操作性强的具体办法,切实让非公有制企业能实际进入行政特许经营领域或自然垄断行业。通过引入特许权竞标或拍卖等公开竞价方式,分阶段、有选择地使特许经营领域和自然垄断行业对市场开放、引入民营资本。此外,在实践操作中,可以根据产品公共性程度,对某些外部性较大、公益性较强及关系国计民生的重要产品或服务,由政府参照市场基准进行分类定价和调节定价。

第三节　拓宽资金来源渠道,健全多层次金融市场

一、推进主板、中小板、创业板和新三板等多层次资本市场发展,扩大对中小微企业的覆盖面,提高符合上市条件公司的上市比例

2012年6月,沪深市场主板、中小板和创业板上市公司分别为1429家、683家和332家,地方股权交易市场尚未纳入资本市场体系,资本市场结构为"倒金字塔"形。这种结构与我国实体经济中1200多万家小微企业、数十万家中型企业、数万家大型企业形成的"正金字塔"形结构成反向匹配,以至于众多中小企业不可避免地面临"融资"难题。目前上市公司以大中型企业为主,整体

规模大、融资需求强烈的中小型企业上市数量很少,尤其是小微企业几乎没有。

要大力发展资本市场,进一步简化审批程序、减少行政直接干预,在发行、定价、交易等环节更多依靠市场机制的调节作用,推动中国金融体系和融资结构从间接融资更多向直接融资转变,优化社会融资来源。与此同时,大力推进多层次资本市场体系的培育和打造,创造有利于股权资本市场和公司债券市场发展的外部环境。鼓励将债务性资金转变为股权投资的金融创新或公开发行公司债券的直接融资,推动公用事业项目的资产证券化和结构化金融创新过程,为城市基础设施建设及医疗教育等公共服务供给提供长期资金筹集渠道,缓解资产负债的期限错配和风险匹配等问题。

二、发挥城市商业银行的规模、信息和客户等优势,开展多种形式的金融创新,缓解小微企业的融资成本约束

来自中国光大银行的调查数据显示,商业银行成为三分之二以上小微企业面临资金需求时的首选。这表明,即使是以商业银行为主导的正规金融机构难以充分满足小微企业的资金需求,但现阶段小微企业融资问题的缓解或解决依然离不开商业银行的支持。故而,有必要统筹利用行政和市场等综合手段,鼓励、引导和支持商业银行通过转变经营理念、优化信息搜集、加强金融产品创新等手段,不断扩大对小微企业覆盖的广度和深度。

一方面,金融监管机构围绕小微企业信贷余额、增量、增速等核心指标,制定相应的贷款比例、行业覆盖、业务比率等考核标准,

由此提升小微企业的信贷覆盖率和获得率,缓解小微企业的融资约束。另一方面,商业银行主动对接小微企业兴起的趋势,对其中具有一定营利能力或增长潜力的小微企业予以关注,并利用商业银行的资源整合、信息集成和行业分析等优势,为其量身定做相应的分类型、分业态金融产品。一是对小微企业进行分类管理和业务开发,制定符合小微企业行业特点、资源特色和信用资质的授信等级评级指标,以税务、工商、统计等为基础,创造性地融入非财务指标(业主信息、家庭成员、社会关系等),建立小微企业的"大数据"评估系统,增强小微企业信贷审批的可靠性。二是加大金融产品创新力度,主动为不同行业、不同类型、不同阶段的小微企业,开发出量身定做的金融产品或金融服务;同时,通过在产品或服务协议中嵌入动态激励机制、分期还款机制、团队贷款机制、增信担保机制等要素,尽可能提高小微企业的违约成本,降低违约风险和融资成本。如:为小微企业开发信用联保贷款、供应链融资、商业圈融资等融资产品,针对小微企业开展应收账款质押、知识产权质押、仓单质押、动产质押等业务。在此基础上,利用商业银行的规模优势、信息优势和专业优势,为小微企业提供开户、储蓄、理财、结算、咨询等系统性服务,实现单一融资服务向综合金融/咨询服务转型。

三、培育以担保、小贷、典当等为代表的中小金融机构,综合运用多元融资渠道、关系型贷款与政策引导等方式缓解小微企业融资渠道约束

在分层次的金融服务体系中,中小金融机构作为与小微企业

市场地位、空间分布和资源结构等匹配度较高的资金供给方,对缓解小微企业的融资约束问题具有天然的地缘和人缘优势。由于小微企业单笔业务的信息搜寻成本过高,促使中小金融机构更倾向于首先满足中小企业及大中型企业的部分业务,使得其难以满足小微企业的资金需求,形成融资约束。但随着经济发展方式的转型和结构性减速,不少中小企业和大中型企业资金需求放缓,导致部分中小金融机构因缺乏对小微企业的深耕而出现业务衰退。从长期来看,中小金融机构生存和发展的主要着力点应该是中小企业和具有一定成长性的小微企业,其中部分中小企业正是从小微企业发展起来。

因而,中小金融机构有必要将部分业务重点向具有成长性和营利能力的小微企业倾斜,集中资源开发符合这类小微企业需要的金融产品和金融服务。一是利用地缘和人缘优势,加快金融产品的设计、创新,尤其是围绕小微企业的细分市场,制定差异化、个性化、灵活性、动态性的弹性机制,依据小微企业的类型、行业和发展阶段为其提供贴近性和定制化的金融产品或服务。通过在产品或服务协议中嵌入动态激励机制、分期还款机制、团队贷款机制、增信担保机制等要素,尽可能提高小微企业的违约成本、降低违约风险和融资成本。二是利用中小金融机构的体制优势和机制灵活性,积极开发和挖掘关系资源和地缘优势,主动与小微企业建立长期的、互惠互利的业务合作关系,提高小微企业"软信息"的开发率和有效性,针对小微企业"短、小、急、频"的融资需求,建立快速审批机制与主动上门服务,缩短决策链条,降低小微企业的综合信贷成本。三是主动对接商业银行,配合商业银行的业务开展需要,承接与自身实力和资源优势相匹配的小微企业综合服务,提高小微企业融资服务的覆盖率和有效性。除此以外,政府有必要对小微企业发展较快的地区进行金融创新试点,尤其是对小微企业融资占比较高的中小金融机构优先给予金融债的发行机会和额度,引导其围绕小微企业应收款、专利和核心技术等进行资产证券化等金融创新,适当为其增加资金供给,扩大其资金来源,以此支持这些中小金融机构更好地为小微企业提供融资服务,缓解小微企业的融资约束。

第四节　加强政府引导机制,打造多层次创新体系

一、建立包容型制度,提升技术创新效率,为创新及创新驱动发展营造良好的外部环境

从长期来看,经济增长和发展最终依赖于技术创新。与此同时,技术创新高度依赖于自由和公平竞争环境。在此过程中,创新企业能够与原有的创新企业在公平、公正和公开的市场环境中,展开合法、合规、合理的市场竞争,以此决定最终的优胜者。在这种制度环境下,创新成功与失败都将随之而来,外部环境通过对知识产权的保护和公平竞争环境的维护,对创新所带来的"创造性破坏"予以应有的保护和支持,甚至鼓励或引导新技术取代旧技术、新模式代替旧模式、新企业打破原有的市场垄断,由此最终催生出符合市场实际需要的创新主体和技术创新成果。

为实施创新驱动发展战略,以技术创新作为经济发展方式转

型的有力支撑,有必要从以下三个方面建立包容型经济制度,提升技术创新效率。其一,从国家层面引导和鼓励创新,明确创新驱动发展战略对我国经济发展方式转型的重要意义,切实引导集中掌握丰富资源的体制内主体主动对接创新驱动发展战略。其二,切实推进社会主义市场经济改革,逐渐弱化国家制度层面对处于竞争领域的国有资本的隐性支持或隐性担保,为不同所有制的市场主体展开市场竞争营造公平环境。其三,加大知识产权保护力度,充分尊重不同所有制的产权及其衍生权利,保护不同市场主体的合法权益。其四,转变观念,鼓励技术创新、容忍创新失败,为创新失败者提供基础的生活保障和社会化的调节机制或退出机制。

二、发挥政府集中力量办大事的优势,从体制机制、基础研究和重大项目等方面打造创新驱动发展的支撑体系

创新驱动发展战略是系统性、社会性工程,离不开政府层面的深度介入和重点参与,尤其是在支撑体系层面。

一是完善和优化国家创新体系,以企业为主体、以市场为导向、产学研相结合,建立国家层面的技术创新体系,促使不同所有制的企业成为创新驱动发展的主体。其一,围绕企业实际需要,确定国家层面的重大科研立项和技术攻关,尤其是支持具有核心技术优势的重点企业建设国家级的研究院、工程技术中心和重点实验室。其二,加快地方科研院所改制,对接高等院校技术转化中心,推进应用型技术研发机构的市场化改革,建立研究型机构成果市场化转化机制,使它们成为我国技术攻关和科研转化的主体。其三,以创新联盟为平台、以技术创新为内容,推动企业、高校和科

研院所建立多层面、多机制的联合体,实现研发力量的有效整合、研究资源的优势互补,消除技术创新中的"孤岛",提升国家创新体系整体效能。

二是加大研究支持力度,为中小微创新型企业的研发提供基础研究和人才队伍的支持。一方面,着眼于中小微创新型企业的实际需要,加大有关基础研究的投入,引导和鼓励相关国家级科研机构进行原创性研究,保证共性技术的公共供给,为应用技术研究提供技术平台和基础理论的支撑。尤其是在关系国计民生和产业命脉的领域,政府应积极作为,加强支持和协调,以国家科技重大专项和技术攻关工程为抓手,集中力量抢占制高点。另一方面,以重大科研项目为平台,对重点学科带头人、行业领军人才予以重点支持,引导和鼓励企业建立首席科学家制度,突出人力资本的引领作用。与此同时,立足于全球视角选择核心骨干人才,从制度层面拓宽海外人才引进模式,积极引进重点项目或紧缺专业所需的各类海外高端人才。此外,提升核心骨干的激励强度、完善人才评价/评估机制,建立与企业发展相匹配的股权激励、知识产权公有制、管理层持股等多种激励模式,激发高端人才开展技术创新的积极性。

三、落实负面清单制度、打破行业垄断,为以中小微企业为代表的创业者营造良好的创新/创业环境

长期以来,行业垄断或准入门槛过高一直是中小微企业创新/创业的隐性障碍,这在很大程度上限制了中小微企业的进入领域和创新激情。因而,如何着眼于中小微企业的创新/创业需求,创造公平竞争的市场和法治环境是推进创新驱动发展战略的重要内容。

一是优化行政审批,推进负面清单制度的落实。在新兴市场领域,通过"非禁即入"的方式降低中小微企业的创新/创业门槛,引导和支持其面向移动互联网时代的商业模式创新和技术驱动创新。在一些行业规范和管理规程上创新制度驱动模式,鼓励中小微企业在新兴领域进行大胆尝试、大力创新,充分发挥中小微企业机制优势。

二是破除所有制非平等竞争,有序推进部分部门和行业垄断领域的市场开放。在国家宏观政策和战略产业定位的框架下,借鉴欧美国家成熟的运营管理经验,有序推进部分部门和行业垄断领域的市场开放。这些领域或其中环节的开放,不但有助于增强竞争强度、提升整体行业效率、实现社会资源的"帕累托改进",也有助于破除民间资本投资的"玻璃门""弹簧门""旋转门"现象,扩大中小微企业的市场发展空间,实现整体社会福利的改善。

三是完善社会保障体系,缓解中小微企业创新的后顾之忧。着眼于中小微企业及其员工的实际需求,进行社会保障体系的完善和优化,为其中的创新人员提供基本生活保障、打造"安全网"体系,缓解其后顾之忧。与此同时,着眼于提升中小微企业的自生能力,加大对中小微企业创新的税收优惠力度,通过结构性减税定向扶持处于创业阶段的中小微企业。通过完善种子基金、风险投资、创投计划等融资渠道,加强中小微企业创新的金融支持体系建设等。

第五节　完善现代企业制度,推进国企
混合所有制改革

一、区别社会性政策负担和战略性政策负担, 进一步明确国有企业职能定位, 推进分类管理和治理的国企改革

为剥离社会性政策负担、优化战略性政策负担,有必要结合不同类型国有企业的战略布局、行业特征和功能定位,将其初步分为市场竞争类、功能承载类和公益服务类等,据此确立起定位、目标和核心绩效标准。其中,市场竞争类确立市场导向,确立企业经济效益最大化的目标;功能承载类确立战略任务或者重大专项任务,加强经济效益指标监控,缓解预算软约束;公共服务类确立保障社会正常运转、实现社会效益的主要目标,借助预算管理和社会监督等手段,降低成本支出,硬化预算软约束。

二、继续深入推进国有企业改革, 集中精力布局战略性产业, 完善大中型国有企业的治理结构

将国有资本战线向若干重点方向和领域集中。其一,对处于市场竞争行业且规模不大的国有企业,有步骤、分类别地推进民营化改革,鼓励非公有资本介入,实现国有资本在这些领域或行业有序退出。其二,对处于市场竞争行业且规模较大的国有企业,全力以赴地深化混合所有制改革,以自由流动、公平公正为基础,持续

推进国有企业的混合所有制改革,实现治理机制的优化和运营效率的提高。其三,对兼具竞争性和公共性的领域,选择"政府监管、民资介入、分段运作"的方式,尽可能将公共服务社会化,政府将更多精力用于外部监管和行业规范方面。其四,对于纯公共性的领域,应主要以国有企业供给为主,但将其中涉及市场竞争环节的领域由市场化的外包非公有资本提供。

三、平等对待股东、确立董事会决策模式,以混合所有制改革为契机完善党的领导和法人治理相统一的治理机制

一是公平对待股东,明确所有股东的合法权益均受到平等保护,这应该作为公司章程的基础。二是确立董事会决策模式,明确经股东会授权,董事会是公司日常管理和运作中的最高权力机构,公司所有日常运营和经营事务最终应由董事会裁决。三是设置国有股权流动区间和动态流动机制,引进5%以上大宗股份的积极股东,发挥其对第一大股东的制衡作用,间接保护其他中小股东利益。四是建立董事会成员多元提名机制,增强董事会的独立性和专业性。一方面,确保外部董事超过1/2的多数。另一方面,对非金融类企业,至少有1名董事具有法律、财务从业资格或经验;对金融类企业,至少有1名董事具有金融类行业经历。五是除大股东提名外,允许中小股东组成独立董事提名委员会,负责不少于1/3的独立董事提名。除违反法定事宜外,公司解聘独立董事须经独立董事提名委员会表决后执行。六是除职工监事外,其余监事会成员的提名、考核和评价应由股东会组织,其薪酬标准和发放额度也由股东会决定;其中,监事长应由中小股东组成的提名委员会提名。

四、坚持国家对核心职位的管控，统筹管理委派人员和外聘职业经理及其激励约束机制

继续保持国家对国有企业核心职位的管控。根据国有资本比例，明确国家对董事长、总经理、财务总监等核心职位的重点管控。其一，对绝对控股公司，确保国有股东委派董事长和财务总监；其二，对相对控股但参与实际运营的公司，确保委派董事长或董事会1/2多数成员；其三，对相对控股但不参与实际运营的公司，确保委派财务总监及董事会成员。与此同时，委派人员和外聘职业经理并存不可避免，需要针对他们利益诉求实行差别化的统筹管理，建立适合其实际需要的激励约束机制。一是委派人员报酬总额由国有股东统筹确定，外聘职业经理由董事会依据市场行情确定，实际薪酬数额由公司业绩及其履职情况确定。二是建立管理层动态交流机制，允许委派人员和外聘职业经理的相互转换。委派人员转为外聘职业经理的，五年内不准再转为体制内人员。三是打造全国性委派人员数据库，推动国有企业系统内部人员的跨地区、跨行业流动。鼓励东部发达地区的委派人员向中西部流动，实现人力资本和社会资源的跨地区流动。

第六节 促进平等竞争，公平对待不同所有制企业

一、进一步转变观念，健全和完善相关制度，实现不同所有制企业的平等竞争

发展中小企业对我国经济适应新常态、实现发展方式转变等

有重要意义。要进一步转变观念,切实消除不同所有制之间的非平等竞争,按照市场规则公平对待中小企业的产权保护、税收负担、市场准入及融资等,为中小企业发展创造公平、公正的市场环境。

我国高度重视中小企业发展,近年来陆续出台相关法律规范和政策文件等予以支持。如:《关于进一步促进中小企业发展的若干意见》《关于鼓励和引导民间投资健康发展的若干意见》《关于支持商业银行进一步改进中小企业金融服务的通知》。尤其是2013年11月,党的十八届三中全会通过的《中共中央关于全面深化改革若干重大问题的决定》对非公有制经济地位和作用的进一步肯定和重视。这些为支持非公有制经济健康发展奠定了制度基础。在新形势下,要继续出台和健全完善有利于不同所有制企业平等竞争的制度和规定。

二、提升归口行政管理机构级别,增强对接能力和支持力度

改革开放以来,随着中小企业发展,我国政府对其越来越重视,并通过政府机构改革强化对中小企业的支持。在国家层面,先后设立工信部中小企业司、农业部乡镇企业局、国家工商管理总局个体私营经济监督管理司等。在地方层面,大多数省、市纷纷成立经济信息委(工业信息委)等。但随着近年来中小企业的蓬勃发展,原有的机构设置在某种程度上还可进一步调整。

为了加强对中小企业的支持力度,可考虑在宏观层面,设立国务院直属的中小企业归口行政管理机构,负责从国家层面对中小

企业发展予以指导、支持,集中国家政策资源解决中小企业发展过程中面临的障碍和难题,以及牵头与其他国务院直属机构对接,协同相关政策的落实和跟进。在微观层面,提升地方中小企业主管部门的行政级别,以与国务院直属管理机构和地方各级行政管理机构对接,直接参与制定有关扶持政策、资金支持政策等,为地方中小企业发展创造公平、公正和有利的外部环境。

三、完善信用担保、社会征信等体系建设,减少中小企业信息搜集成本、增强企业运作透明度、降低融资成本

信用担保作为企业增信的重要方式,有利于降低融资过程中的信息不对称,缓解中小企业融资压力。在日本,政府除了建立中小企业信用担保体系外,还实行独具特色的中小企业信用保证保险制度及损失赔偿制度,将保险机构的力量引入中小企业的信用担保,以此加大对中小企业信息的挖掘广度和深度,提升对其信用风险评价的精准度。这种信用体系构建有利于增强中小企业的融资能力,同时将政府扶持中小企业发展的产业政策贯彻落实,为中小企业快速而健康地发展铺平道路。

目前,我国中小企业担保体系主要以民营资本组建的担保公司为主,同样存在金融机构风险传导和信贷配给的问题。因而承担过度风险,不利于整个金融体系的风险管理,并由此引起中小企业融资困境。借鉴日本的成功经验,如:一方面,完善小额信贷立法,对具有行业自律资格的小额信贷机构给予支持,授予其正式的法律地位。另一方面,强化政府引导,鼓励社会资本参与,建立国家层面的中小企业融资信用担保体系及相应的管理机构。在此基

础上,由政府牵头,会同商业银行、保险机构及其他社会资本,围绕中小企业建立联合信用评级机构,维护中小企业信用档案、数据库及其历史信息,为信息风险评估、管理提供决策支持和重要依据。

四、推进多层次资本市场与金融体系建设,丰富中小企业融资渠道、资金来源,缓解其融资难、融资贵问题

与成熟的大中型企业相比,中小企业数量庞大、行业覆盖面广、资产规模参差不齐、技术创新能力千差万别、生命周期不尽相同,不同企业的融资规模、期限、风险和成本也存在巨大差异,因而,任何单一的金融产品很难满足复杂多样的中小企业融资需求。

面对中小企业复杂多样的融资需求,国家有必要根据实际需要建立多层次的资本市场体系。一是借鉴成熟市场经验,引入较为先进的市场交易机制,结合我国中小企业发展的现状和法律制度相对不完善的国情,研究和探索建立全国范围统一监管的场外交易市场,以拓展中小企业融资渠道。二是进一步推进和发展中小板、创业板和新三板市场,逐步完善不同市场新股发行机制、再融资制度、退市制度和并购机制,为不同类型的中小企业上市融资提供多元化、多层次的融资渠道。三是进一步完善相关政策法规和社会信用体系建设及监管规范,为创业投资和私募股权投资基金发展创造宽松、规范、严格的市场环境,推动其为中小企业发展提供更加直接的融资渠道。四是完善企业破产法、强化企业破产机制、加大对债权人利益保护,为债券市场发展提供良好的环境,以推动中小企业借助固定收益类产品进行融资。

五、立足区域/地区中小微企业发展实际，因地制宜地制定相关政策，引导和支持其提升自生能力

处于不同发展阶段、不同发达程度的地区或企业，需要不同的融资体系和政策环境。我国中小企业发展明显存在区域不均衡。这种区域或地区不均衡，使得其中小企业所面临的融资约束存在较大差异，在客观上需要不同地区因地制宜，制定符合自身实际需要的中小企业支持政策。对东部地区及中小企业较发达的省份，国家应允许其积极与国际成熟经验或模式对接，大力依托现代资本市场为中小企业发展提供资金支持，尤其是重视私募股权投资基金和场外交易市场的发展，同时对民间融资进行引导和规范，建立起与正规金融相得益彰的融资渠道。对中西部地区和东北地区及中小企业欠发达的省份，国家应引导其积极借鉴东部地区的成功经验，必要时直接从东部地区进行模式复制和融资渠道对接。

另一方面，围绕如何增强小微企业的自身能力，有必要从以下五个方面入手。一是基于宏观层面的顶层设计，出台小微企业专项资金补贴政策、税收优惠政策、费用减免优惠等举措，减轻企业税费负担，提升小微企业的自生能力。二是支持和鼓励小微企业进行新技术引进和产品创新，增强核心竞争力，提升业务稳健性。三是为小微企业提供配套服务，为其核心骨干提供公益性或政府扶持性的专项培训，不断提高小微企业的人力资本存量和劳动生产效率。四是为小微企业提供公共服务平台，引导其不断完善财务报表、业务流程和运营规范，逐渐提升企业信息透明度与企业信用等级，增加其正规金融机构融资能力。五是运用贷款准备金率、再贴现率、再贷款率、窗口指导等金融工具或政策,引导和督促正规金融机构将一定比例的信贷资金向小微企业倾斜、投放,用以缓解小微企业的资金需求和融资约束。

六、推进中小金融机构发展、健全政策性金融服务体系,为小微企业中的弱势群体发展提供保障

重视处于生存型创业阶段这类小微企业发展,围绕其资金需求制定相关扶持和支持政策,缓解其融资约束问题。一是在国家层面建立政策性金融监管机构,专门用于指导、引导和监督相关政策性金融机构,为这类缺乏稳健自生能力的小微企业设立专项资金,提供融资服务。二是建立政府引导基金的杠杆撬动机制和补贴机制,引导部分中小金融机构以市场化运作机制为这类小微企业提供金融服务,缓解其融资约束难题。在监管担保公司、小贷公司和村镇银行业务运营的同时,依据其为缺乏自生能力的小微企业提供的业务规模进行定向补贴。三是依据不同地区经济发展水平和小微企业自生能力分布状况,设定适当的比例从财政收入中提取专项资金,用于扶持或支持缺乏自生能力的小微企业的生存和发展需要。四是对非正规金融机构进行规范和引导,支持其在缓解小微企业融资约束中发挥积极作用。其一,转变观念、完善监管机制,支持非正规金融机构逐步走向阳光化与规范化的发展模式,甚至引导那些符合条件的机构逐渐发育成为民营村镇银行、小额贷款公司、担保公司等符合实际需要的、多样化的金融机构。其二,对高利贷、地下钱庄等非法的、影响社会稳定的非正规金融机构,予以严厉打击、坚决取缔,保证非正规金融市场的稳定,为非正

规金融发展创造良好的金融秩序。其三,推进非正规金融机构监管的改革试点工作,将非正规金融体系改革纳入宏观层面的金融改革顶层设计,立足国家全局和地方发展实际,确定不同地区的非正规金融发展监管体系、发展路径和引导机制。

参 考 文 献

一、中文著作

1. 中共中央马克思、恩格斯、列宁、斯大林著作编译局:《马克思恩格斯文集》(第五、六、七卷),人民出版社 2009 年版。

2.《十八大报告辅导读本》,人民出版社 2012 年版。

3.《〈中共中央关于全面深化改革若干重大问题的决定〉辅导读本》,人民出版社 2013 年版。

4. 卫兴华:《中国特色社会主义经济理论体系研究》,中国财政经济出版社 2015 年版。

5. 逄锦聚等:《政治经济学》(第五版),高等教育出版社 2014 年版。

6. 蒋学模:《高级政治经济学》,复旦大学版社 2001 年版。

7. 高鸿业:《西方经济学》(第三版),中国人民大学社 2005 年版。

8. 鲁从明:《资本论的思想精华和伟大生命力》(修订版),中共中央党校出版社 2016 年版。

9.[挪]詹·法格博格、[美]戴维·莫利、[美]理查德·纳尔逊:《牛津创新手册》,知识产权出版社 2009 年版。

10. 李成:《中级金融学》,西安交通大学出版社 2007 年版。

11. 汪祖杰:《现代货币金融学》,经济科学出版社 2007 年版。

12. 胡希宁:《当代西方经济学》(第三版),中共中央党校出版社 2004 年版。

13. 黄达:《金融学》(第三版),中国人民大学出版社 2014 年版。

14. 何毅亭:《以习近平同志为核心的党中央治国理政新理念新思想新战略》,人民出版社 2017 年版。

15. 袁庆明:《新制度经济学》,中国发展出版社 2005 年版。

16. [美]弗雷德里克·S.米什金:《货币金融学》,中国人民大学出版社 2006 年版。

17. [加]杰格迪什·汉达:《货币经济学》,中国人民大学出版社 2005 年版。

18. 吴易风等:《马克思主义视角中的西方经济学》,中国经济出版社 2006 年版。

19. 李扬、张晓晶:《论新常态》,人民出版社 2015 年版。

20. 李安渝:《小微企业信心研究报告》,对外经济贸易大学 2016 年版。

21. 林毅夫:《中国经济增长的可持续性》,转引自陈元等:《大碰撞 2014:CF40-PIIE 共论全球经济新常态》,中国经济出版社 2014 年版。

22. 焦瑾璞:《微型金融学》,中国金融出版社 2013 年版。

23. 经济合作与发展组织:《国有企业公司治理:对 OECD 成员国的调查》,李兆熙、谢晖译,中国财政经济出版社 2008 年版。

24. 郝全洪:《中国趋紧货币政策传导效应——基于经济虚拟

化视角的研究》,北京大学出版社 2011 年版。

25. 张军:《中国经济再廿年》,北京大学出版社 2014 年版。

26. 张文魁:《混合所有制的公司治理与公司业绩》,清华大学出版社 2015 年版。

27. 杨瑞龙、杨其静:《企业理论:现代观点》,中国人民大学出版社 2005 年版。

28. 吴敬琏:《中国增长模式抉择》(增订版),上海远东出版社 2010 年版。

29. 顾海良、王天义:《读懂中国发展的政治经济学》,中国人民大学出版社 2017 年版。

30. 张建君:《中国经济转型的实践模式及内在逻辑》,人民出版社 2012 年版。

31. 张平、王树华:《产业结构理论与政策》,武汉大学出版社 2009 年版。

32. 齐良书:《发展经济学》,中国发展出版社 2002 年版。

33. 青木昌彦、钱颖一:《转轨经济中的公司治理结构》,中国经济出版社 1995 年版。

34. 佟福全、范新宇、王德迅:《西方混合所有制企业比较》,经济科学出版社 2001 年版。

35. [美]富兰克林·艾伦、道格拉斯·盖尔:《比较金融系统》,王晋斌、朱春燕、丁新娅、胡雅梅等译,中国人民大学出版社 2003 年版。

36. 林毅夫、蔡昉、李周:《充分信息与国有企业改革》,上海人民出版社 1997 年版。

37. 范博宏:《交托之重》,东方出版社 2014 年版。

38. 沈纯道:《走第三条道路——与你一起做自由职业者》,中国劳动社会保障出版社 2011 年版。

39. 天则经济研究所课题组:《国有企业的性质、表现与改革》,天则经济研究所研究报告,2011 年。

40. 姚益龙:《东莞市中小企业"融资难"问题研究调查数据》,中山大学岭南学院,2007 年。

二、中文论文

1. 洪银兴:《建设和完善国家创新体系》,《中国党政干部论坛》2015 年第 8 期。

2. 施芝鸿:《适应当下中国新常态需要"新常态思维"》,《中国党政干部论坛》2014 年第 12 期。

3. 钱颖一:《经济新常态与创新创业新常态》,《中国党政干部论坛》2015 年第 11 期。

4. 王一鸣:《认清动因是主动适应新常态的前提》,《求是》2015 年第 1 期。

5. 郭克莎:《准确把握速度、结构与动力转换的关系》,《求是》2005 年第 1 期。

6. 刘元春、闫衍:《中国宏观经济面临的核心问题和新风险》,《改革内参》2015 年第 26 期。

7. 卓勇良:《"十三五"经济发展与改革》,《改革内参》2015 年第 34 期。

8. 马建堂:《辩证看待我国当前经济形势》,《求是》2015 年第 14 期。

9. 刘元春等:《新常态孕育经济转型发展的重要机遇》,《求是》2005 年第 1 期。

10. 阿萨尔·林德贝克:《瑞典实验》,《比较》2014 年第 3 期。

11. 阿吉翁·菲利普:《政府与经济增长》,《比较》2013 年第 4 期。

12. 巴曙松:《小微企业融资发展报告:中国现状及亚洲实践》,博鳌亚洲论坛 2013 年发布。

13. 郝全洪:《关于新常态的若干认识问题》,《理论视野》2016 年第 3 期。

14. 葛扬:《马克思所有制理论与现代混合所有制经济》,《当代经济研究》2004 年第 10 期。

15. 林毅夫 李志赟:《政策性负担、道德风险与预算软约束》,《经济研究》2004 年第 2 期。

16. 白重恩、张琼:《中国经济减速的生产率解释》,《比较》2014 年第 4 期。

17. 陈林、唐杨柳:《混合所有制改革与国有企业政策性负担》,《经济学家》2014 年第 11 期。

18. 龚强、徐朝阳:《政策性负担与长期预算软约束》,《经济研究》2008 年第 2 期。

19. 李静、彭飞、毛德凤:《企业金融资源配置:禀赋差异抑或所有制歧视》,《南方经济》2013 年第 6 期。

20. 李佐军:《应用"三大发动机"等动力解释"中国增长奇迹"》,《经济纵横》2016 年 1 月 10 日。

21. 郝全洪:《新一轮经济改革的结构性特征》,《学习时报》2016 年 4 月 11 日。

22. 林毅夫、刘明兴、章奇:《企业预算软约束的成因分析》,

《江海学刊》2003 年第 10 期。

23. 郭建新、尹明涛:《论政府推动企业履行道德责任的有效路径》,《伦理学研究》2011 年第 7 期。

24. 巴曙松、刘孝红、牛播坤:《转型时期中国金融体系中的地方治理与银行改革的互动研究》,《金融研究》2005 年第 5 期。

25. 查婧:《中美高管薪酬披露规则比较》,《财会通讯》2009 年第 10 期。

26. 陈友华:《人口红利与中国的经济增长》,《江苏行政学院学报》2008 年第 4 期。

27. 冯延超:《政治关联成本与企业效率研究》,中南大学博士论文,2011 年 5 月。

28. 葛扬:《市场机制条件下国企改革、民企转型与现代混合所有制经济发展》,《经济纵横》2015 年第 10 期。

29. 何帆:《中国战略——全球化》,《中国改革》2002 年 2 月 13 日。

30. 李铮:《非公有制经济发展面临的"所有制歧视"及其纠正》,《现代经济探讨》2004 年第 12 期。

31. 刘小玄、郑京海:《国有企业效率的决定因素:1985 — 1994》,《经济研究》1998 年第 1 期。

32. 林青松:《改革以来中国工业部门的效率变化及其影响因素分析》,《经济研究》1995 年第 10 期。

33. 刘克崮、王瑛、李敏波:《深化改革　建设投融资并重的资本市场》,《管理世界》2013 年第 8 期。

34. 刘小玄:《民营化改制对中国产业效率的效果分析——2001 年全国工业普查数据的分析》,《经济研究》2004 年第 8 期。

35. 刘小玄、周晓艳:《金融资源与实体经济之间配置关系的检验》,《金融研究》2011 年第 2 期。

36. 梅洁:《我国国有控股公司管理层报酬的政策干预效果评估》,《证券市场导报》2015 年第 12 期。

37. 睢国余、蓝一:《企业目标与国有企业改革》,北京大学学报(哲学社会科学版),2004 年第 41 卷第三期。

38. 张军:《社会主义的政府与企业:从"退出"角度的分析》,《经济研究》1994 年第 9 期。

39. 皮斯托、许成钢:《转轨经济中的股票市场监管:来自中国的经验》,《比较》2005 年第 196 辑。

40. 梅洁:《国有企业混合所有制改革的理论逻辑之辩》,《现代经济探讨》2016 年第 1 期。

41. 张军:《"比较优势说"的拓展与局限》,《经济学(季刊)》2013 年第 3 期。

42. 张军:《中国的增长阶段转型将会更平稳》,《东方早报》2012 年 10 月 16 日。

43. 张明泽、李忠海:《基于混合所有制视角的国企改革演进与关键路径》,《现代经济探讨》2016 年第 7 期。

44. 张维迎:《从现代企业理论看国有企业改革》,《经济研究》1995 年第 1 期。

45. 梅洁、葛扬:《国有企业管理层在职消费的政策干预效果研究》,《经济学家》2016 年第 2 期。

46. 沈明高、徐忠、沈艳、邹传伟:《硬信息和软信息框架下银行内部贷款审批权分配和激励机制设计》,《金融研究》2011 年第 9 期。

47. 伍晓鹰:《测算和解读中国工业的全要素生产率》,《比较》

2014 年第 4 期。

48. 谢千里、罗斯基、郑玉歆:《改革以来中国工业生产率变动趋势的估计及其可靠性分析》,《经济研究》1995 年第 12 期。

49. 徐忠、邹传伟:《硬信息和软信息框架下银行内部贷款审批权分配和激励机制设计》,《金融研究》2010 年第 8 期。

50. 余菁:《"混合所有制"的学术论争及其路径找寻》,《改革》2014 年第 11 期。

51. 梅洁、张明泽:《基金主导了机构投资者对上市公司盈余管理的治理作用?》,《会计研究》2016 年第 5 期。

52. 童卫华:《中国上市公司高管人员薪酬信息披露研究》,《重庆大学学报》2006 年第 5 期。

53. 夏峰、谢佳斌、熊佳、张戈、谢咏生:《深市上市公司股权激励实施情况调查分析》,《证券市场导报》2014 年 9 月。

54. 殷剑峰:《不对称信息环境下的金融结构与经济增长》,《世界经济》2004 年第 2 期。

55. 支燕、白雪洁、邓忠齐:《资本约束、效率激励与所有制歧视》,《财贸研究》2014 年第 1 期。

56. 张军:《邓小平是对的》,《复旦学报》2013 年第 1 期。

57. 朱晓冬,《理解中国经济增长:过去、现在和未来》,《比较》2013 年第 1 辑。

58. 郝全洪:《从"微笑曲线"看科技创新驱动》,《学习时报》2012 年 9 月 17 日。

59. 郝全洪:《产业结构调整不能跌入"比较优势陷阱"》,《学习时报》2011 年 5 月 23 日。

三、英文论文

1. Bai, C.E., Q. Liu, J. Lu, F.M. Song, J. Zhang(2004), "Corporate Governance and Market Valuation in China", Journal of Comparative Economics, Volume 32, Issue 4:599-616.

2. Bushmanm R. R.Indjejikian, and A. Smith. 1996. CEO compensation: The role of individual performance evalution. Journal of Accounting and Economics, 21(2):161-193.

3. Davila, A., and F. Penalva.2006. Governance structure and the weighting of performance measures in CEO compensation. Review of Accounting Studies,11(4):463-493.

4. Edmans, A., X.Gabaix, and A.Landier. 2009. A multiplicative model of optimal CEO incentives in market equilibrium. Review of Financial Studies,22(12):4881-4917.

5. Ghosh Dipankar, and Manash R. Ray(1997), "Risk, Ambiguity, and Decision Choice: Some Additional Evidence", Decision Sciences, Volume 28, Issue 1, pages 81-104.

6. Groves, T., Y. Hong, J. McMillan and B. Naughton. Autonomy and Incentives in Chinese State Enterprises.Quarterly Journal of Economics, 1984(2).

7. Ittner, C., D.Larcker, and M.Rajan. 1997. The choice of performance measures in annual bonus contracts. Accounting Review,72(2):231-255.

8. Kaplan, S. N. (1997), "Corporate Governance and Corporate Performance: A comparison of Germany, Japan, and the U.S.". The

Bank of America Journal of Applied Corporate Finance, April: 86.

9. Lambert, R. and D. Larcker. 1987. An analysis of the use of accounting and market measures of performance in executive compensation contracts. Journal of Accounting Research, 25 (Supplement) : 85–125.

10. Leone, A.J., J.S. Wu, and J.Zimmerman. 2006. Asymmetric sensitivity of CEO cash compensation to stock returns. Journal of Accounting and Economics, 42(1–2) : 167–192.

11. Li, W. The Impact of Economic Reform on the Performance of Chinese State Enterprise 1980–1989. Journal of Political Economy, 1997(7).

12. Liu G.S. and P. Sun (2005) , "The Class of Shareholdings and its Impacts on Corporate Performance", Corporate Governance: An International Review, Volume 13, Issue 1 : 46–59.

13. Mark, J.R.(2006) , Political Determinants of Corporate Governance: Political Context, Corporate Impact, Oxford University Press : 32–59.

14. Sloan, R.1993. Accounting earnings and top executive compensation. Journal of Accounting and Economics, 16(1–3) : 55–100.

后　记

本书是我主持的中央党校 2015 年度一般项目"新常态下创新驱动发展战略研究"的研究成果之一。作为本书的第一作者，我负责拟定全书的研究大纲、理论体系、逻辑进路、篇章结构以及统稿和修改定稿。具体章节写作分工如下：前言和第 1 章、第 2 章、第 3 章、第 7 章由郝全洪完成，第 4 章、第 5 章初稿由梅洁完成，第 6 章初稿由李忠海、倪洪洲共同完成。梅洁博士研究方向为公司治理和国有企业改革，具有较深厚的理论功底，她协助我做好课题进度推进工作；李忠海博士有较深厚的计量经济学功底，为课题组提供统计分析支撑工作；倪洪洲先生有丰富的中小企业管理咨询经验，为课题组提供大量鲜活的案例和丰富的素材，并落实课题组的有关调研工作；人民出版社杨瑞勇同志在本书出版过程中给予了大力帮助，在此一并致谢。

郝全洪

2016 年 10 月 15 日

责任编辑：杨瑞勇　张双子
封面设计：徐　晖
责任校对：吕　飞

图书在版编目（CIP）数据

创新驱动发展战略的理论逻辑与现实路径：基于企业视角的研究/
　郝全洪　等　著. —北京：人民出版社，2017.12
ISBN 978－7－01－018712－9

Ⅰ. ①创…　Ⅱ. ①郝…　Ⅲ. ①企业发展-研究-中国　Ⅳ. ①F279. 2

中国版本图书馆 CIP 数据核字（2017）第 318538 号

创新驱动发展战略的理论逻辑与现实路径

CHUANGXIN QUDONG FAZHAN ZHANLÜE DE LILUN LUOJI YU XIANSHI LUJING
——基于企业视角的研究

郝全洪　等　著

人 民 出 版 社　出版发行
（100706　北京市东城区隆福寺街 99 号）

北京汇林印务有限公司印刷　新华书店经销

2017 年 12 月第 1 版　2017 年 12 月北京第 1 次印刷
开本：880 毫米×1230 毫米 1/32　印张：8
字数：198 千字

ISBN 978－7－01－018712－9　定价：30.00 元

邮购地址 100706　北京市东城区隆福寺街 99 号
人民东方图书销售中心　电话（010）65250042　65289539

版权所有·侵权必究
凡购买本社图书，如有印制质量问题，我社负责调换。
服务电话：(010)65250042